读客文化

# 牛津通识课：凯尔特人

[英] 巴里・坎利夫 著
马百亮 译

海南出版社
・海口・

审图号：琼S（2020）058号
图字：30-2020-139号

**图书在版编目（CIP）数据**

牛津通识课. 凯尔特人 / (英) 巴里 · 坎利夫 (Barry Cunliffe) 著 ; 马百亮译. -- 海口 : 海南出版社, 2020.12

书名原文：The Celts：A Very Short Introduction
ISBN 978-7-5443-9514-4

Ⅰ. ①牛… Ⅱ. ①巴… ②马… Ⅲ. ①科学知识—普及读物②克尔特人—民族历史—通俗读物 Ⅳ. ①Z228 ②K560.8-49

中国版本图书馆CIP数据核字(2020)第186098号

# 牛津通识课：凯尔特人

NIUJIN TONGSHI KE: KAIERTEREN

作　　者　[英] 巴里 · 坎利夫
译　　者　马百亮
责任编辑　卫淑霞
执行编辑　徐雁晖
封面设计　读客文化　021-33608320
印刷装订　北京盛通印刷股份有限公司
策　　划　读客文化
版　　权　读客文化
出版发行　海南出版社
地　　址　海口市金盘开发区建设三横路2号
邮　　编　570216
编辑电话　0898-66830653
网　　址　http://www.hncbs.cn
开　　本　787毫米×1092毫米　1/32
印　　张　8.5
字　　数　116
版　　次　2020年12月第1版
印　　次　2020年12月第1次印刷
书　　号　ISBN 978-7-5443-9514-4
定　　价　36.00元

如有印刷、装订质量问题，请致电010-87681002（免费更换，邮寄到付）

# 目录

# 插图目录

第一章

# 见仁见智

01

# 10

几年前，在写作了《凯尔特世界》（*The Celtic World*）之后，我收到了一位美国人的来信。他说自己是个酒鬼，这让他很烦恼，但读过古典作家阿忒那奥斯（Athenaeus）讲述的凯尔特人爱酒的故事后，他感到安心多了。他的祖父母是来自苏格兰的凯尔特人，这样他的行为就有了解释：这是他凯尔特人特征的一部分，从此他会为之感到自豪。许多读者可能会觉得这是一个无伤大雅的故事，而且可能确实能够从中——为自己偶尔的放纵——获得一些宽慰，但另一些人可能会发怒，因为这个故事进一步证明了那些在流行书籍中长期流传的吊诡的凯尔特神话。这一阵营的一位学者甚至认为，有些作者故意在书名中使用“凯尔特”一词来让书畅销。在我面前的是一本来自一个读书俱乐部的印刷精美的小册子，这本小册子的目的是邀请会员参加“凯尔特奥德赛之旅”，领略“一个失落文明的美丽和奇迹”，为此它列出了一系列混搭的诱人标题，让读者从中做出选择，如《凯尔特人智慧塔罗牌》《来自凯尔特世界的精神智慧》《凯尔特之树的神谕》和《凯尔特人体装饰套装》。如果你想进一步畅享奥德赛之旅，那你所在地的商店可能会提供凯尔特珠宝或编织凯尔特结的指导。不妨翻一下电话簿，看看有多少商业企业（尤其是面向大西洋的不列颠群岛地区的企业）提供“凯尔特式”的服务。凯尔特文化在我们的日常生活中根深蒂固，至少在大众的认知中是这样的。

还有其他层面。例如，音乐正在经历一场凯尔特文艺复兴，最令人印象深刻的莫过于 1953 至 1970 年在布雷斯特举行的风笛节的继承者 —— 洛里昂凯尔特音乐节（Festival Interceltic de Lorient）。在这里，包括酋长乐队（The Chieftains）和盖尔风暴（Gaelic Storm）在内的国际团体与来自布列塔尼的巨星艾伦 · 斯蒂威尔（Alan Stivell）一起，共同为观众演出。德尼 · 普里让（Denez Prigent）发表的2001年音乐节的报告称，参加音乐节的人数达到了50万："它超越了'民俗'，在布列塔尼音乐中糅合了海风元素，还邀请了伟大的凯尔特家族所有散落各地的成员参加庆祝活动。"在不那么流行的层面上，布列塔尼钢琴家迪迪埃·斯基本（Didier Squiben）的作曲和表演将传统民间音乐的韵律和节奏与风和海的回声融合在一起，生动地展示了现代音乐在凯尔特风格下的生命力。

"凯尔特"文化活动有时也会对政治和经济议程产生影响。1991年，由格拉西宫（Palazzo Grassi）主办的壮观的铁器时代文物展览在威尼斯开幕，参展的文物来自欧洲各地，展览的主题是"凯尔特人：欧洲的起源"。该展览由菲亚特公司赞助。在一份发布在展览目录上的有点混乱的介绍中，格拉西宫的馆长解释道：

> "这次展览是对新欧洲的一种致敬，因为如果没有对其统一的全面认识，新欧洲是不可能实现的；同时也是对这样一个事实的致敬，即除了罗马和基督教的渊源

外，今天的欧洲还可以追溯到其凯尔特传统，这是所有人都可以看到的。”

在这里，模糊的“凯尔特传统”这一概念似乎被用来为欧盟的理想服务。在这种情况下，凯尔特性仅仅是一个比喻吗？在这背后是否隐藏着凯尔特民族的一种不言而喻的信仰和一个早已逝去的英雄时代？“我们共同的凯尔特传统”曾经是许多政治运动的口号，这种情况毫无疑问将继续下去。1867年，当布列塔尼人竭力保护他们的语言和传统，以对抗中央集权制的法国所实施的文化帝国主义时，著名的《布列塔尼歌谣》（*Barzaz-Breiz*）的作者赫萨特·德·拉·维拉马克（Hersart de La Villemarqué）发出号召，促成了在圣布里厄（Saint Brieuc）召开的第一届凯尔特人大会。他号召的对象是他的“威尔士同胞，康沃尔的兄弟，爱尔兰和苏格兰的表亲”。2001年，在雷恩举行的凯尔特人大会有200名代表参加，其中一半来自布列塔尼，另一半来自“其他凯尔特人国家”。会议的主题是“今日的凯尔特人史——没有记忆的民族是没有未来的民族”。

威尼斯的展览和10年后的雷恩会议都以凯尔特的概念为基础，却传达了非常不同的信息。在威尼斯，凯尔特性是一个主题，用来支持“一个欧洲”的信念；而在雷恩，它为生活在大西洋沿岸的群体提供了身份认同和力量，以抵御他们所认为的欧洲国家集权趋势的威胁，尤其是总部设在伦敦、巴黎和马德里的政府。谁是正确的？就此而言，有对错之分吗？我们是否应该像J. R. R. 托尔金（J. R. R. Tolkien）在1963年所写的那样，接受“在神话般的凯尔特黄昏中，一切皆有可能，这与其说是神灵的黄昏，不如说是理性的黄昏”？要知道，就像伟大的凯尔特学教授大卫·埃利斯·埃文斯（David Ellis Evans）在1999年严厉指出的那样，托尔金的评论旨在专门取笑某些极端的语言词源学，而不是要无所不包。

因此，从新时代的身体装饰到对区域身份存续的担忧，从不成熟的政治操纵企图到新音乐的灵感，凯尔特的幽灵在盘旋，而凯尔特的权杖被高举。凯尔特性的确是一个见仁见智的问题。或许正如西蒙·詹姆斯（Simon James）在1999年出版的《大西洋凯尔特人：是古代民族还是现代发明》（*The Atlantic Celts: Ancient People or Modern Invention*）一书中所说的那样："在很多方面，长期以来凯尔特主义一直是一种扬扬自得的正统，重新评价它的时机已经成熟。"在过去10年左右的时间里，有许多声音（主要是考古学家）对现在使用的"凯尔特人"一词提出了抗议。一些是理性的声音，要求进行更严格的批判；另一些则采用了更尖锐的论调。约翰·科利斯（John Collis）的批评尤其激烈，在《没有中心的国家》（*States Without Centres*）一文中，他埋怨了一些现代作家所描述的凯尔特社会：

> "仅仅代表了来自不同时间和地点的信息的混杂，而这些信息对于理解所描述的社会通常没有什么价值。在'凯尔特人'这一虚构的概念之下，对社会的描述（或者更确切地说，是对社会的讽刺）是无法在时间和空间上进行转换的。事实上，我们应该避免使用'凯尔特人'和'凯尔特

> 语’这两个术语，因为它们歪曲了我们对考古记录的理解。”

在《欧洲的凯尔特人》（*Los Celtas en Europa*）中，他警告人们防备“对‘凯尔特人’概念的现代政治化运用”，并接着声称“考古学家有责任告知公众‘凯尔特人’这个现代用法背后的隐藏动机”。这里有两个不同但彼此关联的关注点：第一个主要关注对古代凯尔特人的描述和表征方式，第二个主要关注现代的凯尔特概念。这两个领域都是值得讨论的。

西蒙·詹姆斯的《大西洋凯尔特人：是古代民族还是现代发明》探讨了第二个问题，其论点的精髓在于他断言“不列颠和爱尔兰的古凯尔特人本质上是伪造的，是近代的发明”。他的书中几乎没有考古学家或历史学家不熟悉的内容，但他在出版前公开发表的观点似乎是令人震惊的新观点，一些记者认为这是对权力下放的粗暴攻击。据英国《每日电讯报》1998 年 3 月 12 日的报道，一些考古学家“激怒了从苏格兰到康沃尔那些自称凯尔特人的人，因为他们声称在威尔士和苏格兰举行权力下放公投之前的几周所大肆宣扬的凯尔特文化是一个历史‘幻想’”。许多人都因此怒不可遏，这是可以理解的。

在第一章中，詹姆斯以一种更加冷静的态度展示了自己的立场，他提出了两个基本观点：第一，“在1700年以前，不列颠和爱尔兰没有一个人称自己为‘凯尔特人’”；第二，“威尔士人（Welsh）、苏格兰人（Scots）、爱尔兰人（Irish）和其他民族自18世纪以来才开始把自己和自己的祖先称为凯尔特人。无论是过去还是现在，海岛凯尔特人的概念都是一个现代的解释和被采用的‘族名’（ethnonym）”。需要提及一个虽小但并非不重要的条件，那就是第一个观点在詹姆斯的书中是这样叙述的：“没有记录表明在1700年以前，不列颠和爱尔兰有人自称‘凯尔特人’。”这两个基本观点客观反映了真实的情况。他的书其余部分证实了这两个观点，并探讨了被广泛接受的凯尔特西方的概念是如何形成的。

当然，他的所有讨论都意味着一个被广泛关

注的问题变得有些多余，那就是凯尔特人是何时从何地来到英国的。但是，人们最初是如何开始相信凯尔特人曾一次或数次入侵过这些岛屿的呢？其中的一些细节我们稍后再做讨论，但简短的回答是，这一切是古文物学者爱德华·卢伊德（Edward Lhuyd）所发起的。他为爱尔兰语、威尔士语、康沃尔语和布列塔尼语创造了“凯尔特语”这个统称，并在1707年的巨著《不列颠考古》（*Archaeologia Britannica*）中讨论了这些语言和它们之间的相似之处。他注意到高卢语、爱尔兰语和布立吞语之间，以及威尔士语、康沃尔语和布列塔尼语之间存在着密切的关系，然后对这两组语言（后来被称为Q凯尔特语和P凯尔特语）进行了历史性的解释。他提出，爱尔兰不列颠人从高卢搬到不列颠群岛定居，但后来，随着第二拨高卢人在不列颠南部和西部定居，他们被驱赶到了不列颠北部和爱尔兰。

从此，18世纪早期的这一假设一直是争论的焦点。其持久的生命力在很大程度上是因为，语言学家和考古学家很长时间以来一直乐于接受彼此的解释，在一个不加批判、相互支持、缺乏坚实基础的圈子里，双方互相补充，互相支持。人们不禁要问：有多少 18 世纪早期的其他假说为此后将近两个世纪设定了科学议程？

就这样，几乎是以一种偶然和默认的方式，不列颠群岛和爱尔兰的居民成了凯尔特人。1863 年，大英博物馆的馆长奥古斯都·沃拉斯顿·弗兰克斯爵士（Sir Augustus Wollaston Franks）出版了一本英国装饰金属制品的目录，他选择用“凯尔特晚期”一词来描述铁器时代的物品。在《大英博物馆早期铁器时代文物指南》（*British Museum Guide to the Antiquities of the Early Iron Age*）第一版（1905）中，整本书都使用了这个词语，但在第二版（1925）中，这个词语被弃用了。因为，正如前言中谨慎指出的那样：“关于这些岛屿上早期凯尔特文明的存在及其存在日期，还有一些不确定性。”这个假设已经开始出现漏洞了，但直到此时，70 年过去了，考古学家才开始认真地捶打这幢已然破落的大厦。

21 世纪初，有关凯尔特的辩论如火如荼，各种各样的意见——如帕特里克·西姆斯·威廉姆斯（Patrick Sims Williams）1998 年一篇文章的标题就是《从凯尔特热到凯尔特怀疑论》—— 都被表达了出来。这场辩论很活跃，有时也会有些激烈，但所有参与者都同意的一点是，这个问题非常复杂。有许多种大相径庭的信息需要考察。直接的考古证据有助于深入了解仪式行为、埋葬风俗、聚落布局和各种物质文化，其中包括通常被称为“凯尔特艺术”的独特艺术风格。语言学研究在一定程度上表明了那些密切相关的语言的范围和发展，遵循卢伊德的叫法，我们依然称其为凯尔特语。此外还有古典文献，希腊和罗马作家笔下的凯尔特人有不同的名称，如“凯尔特人”（Celti、Celtae、Keltoi 或 Celtici）、“高卢人”（Galli 或 Gallici）和“加拉太人”（Galatae）。在许多展示希腊罗马世界互动和冲突的“历史”中，这些作家轻蔑地描写这些奇怪的野蛮人，并用这些野蛮人来代表地方特色，而在他们的如椽妙笔下，希腊罗马世界总是会以获胜者的姿态出现。

我们也不能忽视爱尔兰和威尔士丰富的通俗文学和古代法律的潜在贡献，这些文本建立在古老的口述传统之上，经过一代又一代人的修改，在一次次重述的过程中不断积累。

这些文本汇集了丰富的材料，但我们不能把它们来个“一锅烩”，并期待一个完美的凯尔特形象的出现。要想把事实和一厢情愿的想法分开，并提炼出它在这场辩论中的价值，需要从关键的参数与变量来考量每一种不同的证据。在这种解构的过程中，凯尔特人和凯尔特文化是否会一起消失，这还有待观察。要想知道结果如何，请接着读下去。

第二章

# 地中海世界的视角

02

“如果把世界分成四部分，印度人会占据东风之地，埃塞俄比亚人会占据南风之地，凯尔特人会占据西风之地，斯基泰人会占据北风之地。”这是希腊历史学家库迈的埃弗罗斯（Ephorus of Cymae）的世界观，他的伟大著作《通史》（*Universal History*）共30卷，写于公元前4世纪上半叶。原始文本早已亡佚，但这段文字作为三个世纪后斯特拉波（Strabo）的《地理学》（*Geography*，1.2.28）中的一段引文留存了下来。埃弗罗斯对世界的理解同任何受过教育的希腊人一样：欧洲被两个主要民族所占领，东部是生活在黑海北部和西部海岸附近的斯基泰人，他们的聚居地可能延伸到多瑙河中部地区（现在的匈牙利大平原），西部则是凯尔特人。另外，斯特拉波告诉我们，埃弗罗斯认为，凯尔特人的土地十分广袤，包括伊比利亚半岛大部分地区，一直到加德斯（Gades，即加的斯）。在这一点上，他可能遵循了哈利卡那索斯的希罗多德（Herodotus of Halicarnassus）的看法，后者在公元前5世纪创作了《历史》（*History*）。他认为凯尔特人生活在与科尼奥人（Cynesii）居住地接壤的赫拉克勒斯之柱（直布罗陀海峡）之外，科尼奥人是欧洲最西部的居民，生活在今天的葡萄牙南部。

希罗多德还提供了其他引人好奇的、有关凯尔特人地理位置的信息片段。他告诉我们，多瑙河发源于皮勒内（Pyrene）附近凯尔特人的土地。如果皮勒内指的是比利牛斯山脉，那么他很可能是把他了解的有关凯尔特人的不同的信息拼凑在了一起，比如多瑙河发源于凯尔特地区，凯尔特人生活在比利牛斯山脉附近。

一个更早的信息来源是人种学家米利都的赫卡泰俄斯（Hecataeus of Miletus），他大约生活在公元前6世纪晚期。从其他人引用的他亡佚作品的残句中，我们了解到纳尔邦（Narbon，位于法国南部的现代纳博讷附近）是凯尔特人的城市和贸易中心，马萨利亚（Massalia，即马赛）是一座希腊城市，建立在靠近凯尔特人土地的利古里亚（Ligurian）境内。他还把尼拉克斯（Nyrax）看作是凯尔特人的城市，但它的位置未知，尽管有些人认为它可能是奥地利的诺里库姆（Noricum）。

这些对我们帮助不大，最多只能说明早期的希腊地理学家对欧洲地理只有一个模糊的概念，他们满足于把欧洲从多瑙河中部到大西洋沿岸的大多数蛮族人都归为凯尔特人，同时认识到在这个地区还有其他一些人不属于凯尔特人。

但是凯尔特人（Keltoi）这个词是从何而来的呢?这是希腊人凭空想出来的一个通用术语，用来指代他们所遇到的不同的北方蛮族吗?（就像“爱斯基摩人”一词在近代被用来描述环极地地区的民族一样。）尤利乌斯·恺撒对此给出了一些解释。他在公元前1世纪中叶关于高卢（法国部分）的著述中，相当刻意地描写了那里的居民，大概是为了澄清这个事实：“我们称他们为高卢人，尽管在他们自己的语言中他们被称为凯尔特人。”两个世纪后，希腊人帕萨尼亚斯（Pausanius）强调，“凯尔特人”这个名字比“高卢人”（Galli）要古老得多。其他作家在使用“凯尔特人”（Keltoi 或 Celtae）、“高卢人”和“加拉太人”（Galatae）这些表达时，好像它们之间是可以互换的。

我们从中可以了解到什么呢？最简单的解释是，至少在公元前 6 世纪，就已经存在一些自称凯尔特人的特定民族。在恺撒时代，他们占据着高卢中部，大约在吉伦德河和塞纳河之间。“Galli”和“Galatae”这两个表达可能意味着“陌生人”或“敌人”，更可能是一个通用的名称，被用来指代北方的蛮族人，其中包括凯尔特人。是否所有的高卢人或加拉太人都认为自己是凯尔特人，我们不得而知。乍一看，古典作家在这些词语的用法上很马虎，但在现实中，这可能反映了温带欧洲非常不稳定的局势，不同的部落因为联盟和相互效忠而合并，采用其中最强者的名字重新命名。在公元前 4 世纪，流动性似乎有所增加，包括主要的民众迁徙（见第五章），来自不同部落的小群体可能合并成更大的群体，并很快再次分裂，致使古典作家混淆他们的种族，甚至连这些种族自己也会搞混。因此，对一些古典作家来说，“凯尔特人”和“高卢人”可能被用作指代不同种族身份的具体术语。在很大程度上，这些术语的使用可能更为宽松，就像今天我们使用的“希腊人”“罗马人”或“美国人”这样的表达。

在公元前 4 世纪之前，关于温带欧洲凯尔特人的直接认知是有限的，但从那时起，地中海世界有足够的机会直接观察他们。一开始，他们是移民、劫掠者和雇佣兵，一些人通过阿尔卑斯山的山口，在波河流域定居下来，并向远处的意大利发起进攻，其他人则从多瑙河中部跋涉到巴尔干半岛、希腊和小亚细亚。后来，罗马帝国的军队扩张到伊比利亚，越过高卢，进入多瑙河中上游流域，罗马人把凯尔特人当作当地的土著居民来征服和统治。通过这些大部分带有侵略性的遭遇，地中海世界得以近距离地观察凯尔特人，并且通常是大量的凯尔特人。这还要求他们创造一个哲学框架，来呈现并理解这些可怕的北方人。

作为野蛮人，凯尔特人当然是不同于“我们”的“他者”，因此要用一种容易理解的方式来描述。

这就要强调他们野蛮的一面，即和地中海世界不同的特征和行为。由此出现的是一幅人物漫画 —— 和所有的人物漫画一样，其刻画出的凯尔特人形象是泛化的、选择性的、夸张的 —— 但它包含了现实的基础。

公元前 4 世纪中叶，在柏拉图所著的《法律篇》中，第一次出现了对凯尔特人的好战本性和酗酒行为的描述。他可能是在希腊大陆上的冲突中，从叙拉古的狄奥尼修斯（Dionysius of Syracuse）的雇佣兵身上观察到的。然而，雇佣兵并不总是其文化的最佳代表，因此柏拉图的评论可能是带有偏见的，但凯尔特人的这两个特征后来成为反复出现的主题。例如，斯特拉波就非常明确地指出：

> "整个凯尔特民族都是狂热的战士，斗志昂扬，十分好斗，但在其他方面是正直的，并不邪恶。因此，当他们被鼓动起来的时候，就会毫不犹豫地公开集结，准备战斗。他们临危不惧，即使除了自己的力量和勇气之外没有任何依靠。"（《地理学》，4.4.2）

斯特拉波很可能把波赛东尼奥（Poseidonius）遗失的民族志著作作为描述上述行为和其他凯尔特人行为的参考材料，由于波赛东尼奥被认为在公元前2世纪晚期到西部（可能是高卢）游历过，他也可能进行过最直接的观察，得到了第一手资料，而不仅仅是重复早期的资料。

波赛东尼奥可能是西西里的狄奥多罗斯（Diodorus Siculus）所做的关于凯尔特人饮酒的记述的信息来源。关于高卢的凯尔特人，他写道："他们非常喜欢葡萄酒，用商人进口的未稀释的葡萄酒来满足自己；他们的酒瘾让他们开怀畅饮，当他们喝醉时，要么陷入昏迷，要么陷入疯狂。"当时，大量的罗马葡萄酒被运送到高卢人手中，这一点从高卢人遗址里发现的大量双耳葡萄酒罐就可以看出。狄奥多罗斯无疑是在报告一个真实的观察，即使这种观察是间接的，但是通过强调他们喝的是未掺杂其他液体的酒，他指明了野蛮的凯尔特人和文明的地中海人是多么不同，因为地中海人喜欢稀释他们的酒。也许凯尔特人也喝我们的酒，但他们依旧是"他者"。

每个罗马人都了解凯尔特人的两个特征，即战争中的勇敢和酗酒。但是必须将凯尔特人的勇敢与罗马人的勇敢区分开来。因此，斯特拉波说，他们可能是开放和精神饱满的，但他们也很幼稚地自夸，并且喜欢穿金光闪闪的衣服。“正是这种虚荣心使他们在胜利时让人无法忍受，而在失败时又一蹶不振。”不管这些陈述在多大程度上是真实的，他故意将它们呈现出来，以突出凯尔特人和罗马人之间的差别。凯尔特人是勇敢的，但他们喜欢夸耀，很容易变得一蹶不振；罗马人也很勇敢，但他们清醒、自律而坚定。

古典文献中充满了将凯尔特人描述为“他者”的奇闻异事。例如，亚里士多德提到，在凯尔特人中，同性恋是被公开认可的。他告诉我们，凯尔特人把新生婴儿浸入冰冷的河水中，给他们穿很少的衣服，以此强健他们的体魄。他还提到，令人费解的是，凯尔特人拿起武器反对大海。埃弗罗斯（斯特拉波曾引用他的观点）提供了这样一种观点：凯尔特人很小心地避免变得肥胖或大腹便便，如果一个年轻人长出大肚子，他就要受到惩罚。另一个无疑会让罗马人发笑的描写来自狄奥多罗斯。他这样描写凯尔特人长而下垂的胡子：“他们的髭须太长了，完全盖住了嘴巴，以至于喝东西的时候就像过滤一样。”即使这些描写是准确的，也很难说这种行为模式有多普遍。

**波赛东尼奥（约公元前 135 — 约公元前 50）**

波赛东尼奥是叙利亚的希腊博学者，出生在奥朗提斯河畔的阿帕米亚（Apamea）。他曾在雅典学习，最终在罗得岛定居，在那里他建立了一所致力于研究斯多葛派的学校，这所学校闻名于整个地中海世界。庞培和西塞罗都曾在此就学。他的著作覆盖面很广，除了哲学之外，还广泛涉及其他学科，包括天文学、数学、地理、动物学、植物学、人类学和历史。大约在公元前 90 年，他出发去地中海中部和西部游历。他的行程自然包括意大利和罗马，除此之外，他也在西班牙和南高卢四处旅行，就是在这里，他接触到了凯尔特人。他四处旅行的目的之一是为他伟大的著作《通史》收集资料，这部著作记录了罗马世界从公元前 146 年到公元前1世纪80年代中期的发展。全书共52卷，但流传下来的只有后来的作家所引用的只言片语。正是波赛东尼奥撰写的凯尔特人民族志为斯特拉波、西西里的狄奥多罗斯、阿忒那奥斯，可能还有恺撒提供了信息。作为一个斯多葛派哲学家，波赛东尼奥选择把凯尔特人描述成“高贵的野蛮人”，因此他被称为“温和的原始主义者”。

虽然大多数描写凯尔特人的古典作家可能无意识地将凯尔特人定性为“他者”，但每个作家都会根据他的写作意图引入额外的偏见。对亚里士多德、柏拉图和埃弗罗斯来说，这只是为了表明野蛮人与希腊人的不同，但是到了公元前4世纪至公元前3世纪，在希腊和罗马世界与迁徙的凯尔特人发生直接冲突后，这种刻板印象有所改变。此时的主题是来自北方的无畏的野蛮战士考验了地中海居民的勇气，把他们磨砺得更加伟大。对波利比乌斯（Polybius，约公元前204—公元前122）、李维（Livy，公元前59—公元17）和帕萨尼亚斯这样的作家来说，这提供了一个展示他们的世界和价值观优于“他者”的机会——文明战胜了野蛮，秩序战胜了混乱。凯尔特人的“他者”身份必须被强调，可能还要被扭曲，同时他们展示的威力使其被视作高贵的、值得尊敬的敌人，这一点必须被拔高到一定程度，只有这样希腊或罗马的胜利才可以被描述为一次伟大的胜利。这种描述一旦确立下来，凯尔特人作为“来自北方的危险”的比喻就一直存在于罗马人的头脑中。

其他人也用他们对凯尔特人的胜利来体现自己的伟大。拍加马（Pergamum）是小亚细亚西部一个强大的希腊化城邦，在这方面尤其擅长。公元前279年，一大群凯尔特人在攻击了德尔斐之后进入了小亚细亚，并最终在安卡拉现在所在的地区中心定居下来。从这里，劫掠者威胁着周围的领土，尤其是爱琴海沿岸的希腊城市。只有拍加马有足够的力量来抵抗。在公元前3世纪20年代取得了对凯尔特人的初步胜利后，国王阿塔尔一世（Attalus I）在拍加马的雅典娜神殿建立了一座巨大的胜利纪念碑，描绘了战败的高卢人。著名的《垂死的高卢人》

（*Dying Gaul*）雕塑（为人熟知的是后来罗马制造的仿品）就来自这里。另一组群像描绘了一个高卢人扶着亡妻的尸体，正在自杀。他们的确是很高贵的敌人！

图1 《垂死的高卢人》：希腊化时期高卢人的形象。这一雕塑现藏于罗马卡庇托利美术馆，被认为是罗马人的复制品，原作来自公元前3世纪后期的拍加马胜利纪念碑

后来，在公元前168至公元前166年之间最终击败高卢人后，拍加马的统治者提出了更加夸张

的说法。在拍加马的宙斯神庙里，有一座巨大的祭坛，上面装饰着一条巨大的高浮雕壁带，一边描绘的是宙斯和雅典娜击败巨人族的激烈场面，另一边是阿塔尔王朝的统治者征服高卢人的画面。其象征意义显而易见。为了向更多的人传达这一信息，拍加马又在雅典卫城竖起了一座胜利纪念碑。这一次，浮雕显示了拍加马人击败高卢人的场景，与其呼应的是希腊人在马拉松战役中击败波斯人的场景、神话中希腊人击败亚马孙女战士的场景和拍加马人的祖先击败泰坦巨人的场景。显然，阿塔尔王朝声称自己是希腊文化反对混乱势力的功臣，因此是希腊人的天然继承者。然而，对带领着一支夏季突袭队来到爱琴海海岸的凯尔特首领来说，他是否愿意被这样抬高到文明之敌的高度，是值得怀疑的。公元前 2 世纪 60 年代，安那托利亚高卢人的失败意味着凯尔特人不再对希腊罗马世界构成严重的威胁。大约 20 年前，罗马人征服了生活在波河流域的凯尔特人，在那里建立了新的拉丁殖民地。在阿尔卑斯山的保护下，罗马终于可以松一口气了，先前关于凯尔特人的比喻也由此被改写。

在这方面，最重要的修正主义者是波赛东尼奥，他是一位来自叙利亚小镇阿帕米亚的斯多葛派哲学家，大约生活在公元前135年至公元前50年。除了被他人引用的部分之外，他的伟大作品已经遗失。波利比乌斯对罗马的历史叙述只到公元前2世纪中叶，波赛东尼奥接续他的叙述往下讲。波赛东尼奥讲述的事件之一是罗马人在公元前2世纪的最后几十年对山外高卢（Gallia Transalpina，大致相当于现在的普罗旺斯和朗格多克）的征服和吞并。在这里，罗马人与凯尔特部落有了直接的接触，波赛东尼奥在他的作品中对当地人进行了民族志式的描述，其中有一部分以他自己的旅行经历为依据。

后来的史学家阿忒那奥斯告诉我们，波赛东尼奥是“根据他的哲学信念”来组织他的讲述的。换句话说，凯尔特人现在是通过斯多葛派信仰的扭曲镜头被看待的，他们被描述成相当迷人的“高贵的野蛮人”。他们非常勇敢，也很尊重勇者，他们对陌生人表现出毫无疑问的热情，他们被公正的祭司（德鲁伊）统治着。的确，他们喝得很多，有时也很吵闹，还有一些奇怪的习惯，比如收集人头，但他们“性格不坏”。在波赛东尼奥的眼中，这个民族十分纯朴，远比波赛东尼奥自己所在的文明社会更接近黄金时代。就这样，凯尔特人的形象开始被改变；他们不再是来自外界的凶恶敌人，而是随时可以成为政治盟友的邻居，或许更关键的是，他们可以成为商业上的伙伴。西西里的狄奥多罗斯（可能是引用波赛东尼奥的话）简洁地总结了这一点：“许多意大利商人以他们一贯的对利润的渴望，将高卢人对葡萄酒的热爱看作他们的宝藏。他们在可航行的河流上用船，在平原上用马车，把葡萄酒运到那里，并卖出令人难以置信的高价：他们用一罐酒就能换一个奴隶。”

在公元前 1 世纪中期（公元前 59 — 公元前 51 年），当盖乌斯·尤利乌斯·恺撒试图将帝国的疆域向北延伸到莱茵河而远征高卢时，他极度冷静地描绘了他所遇到的凯尔特人，无论是盟友还是敌人。他们给人的印象是，至少那些与阿尔卑斯山脉以北的罗马领土最为接近的部落，他们组织严密，社会和政治都很成熟。不同的部落追求他们各自的政治目标，但在需要的时候，当有魅力的领导人物出现时，他们会团结起来相互支持。虽然恺撒对他的敌人的描述，巧妙地反衬出了他自己的荣耀，但他对公元前 1 世纪高卢凯尔特人的描述很可能与现实相当接近。通过他的眼睛，我们看到了正在经历快速变化的蛮族社会。凯尔特人正在成为被罗马接纳的朋友。在凯尔特人之外，罗马人又有了新的敌人 —— 日耳曼人，现在由他们承担起了未开化的蛮族人的角色。

| 第三章 |

# 一点史前史：“长时段”理论下的大西洋

03

我们已经看到，古典作家根据他们所能达到的认知水平认为，凯尔特人是生活在欧洲最西边的民族之一。希罗多德在这一点上说得很清楚，他暗示在凯尔特人和大海之间只有葡萄牙西海岸的西尼特人（Cynetes）。高卢的凯尔特人也是面向海洋的民族。在这一点上，盖乌斯·尤利乌斯·恺撒说得很清楚，在著名的《高卢战记》（*De bello gallico*）的开篇段落中，他告诉我们："凯尔特人与阿基坦人（Aquitani）之间隔着加龙河（Garonne），与比利其人（Belgae）之间隔着马恩河和塞纳河。"高卢这片地区的语言与当时伊比利亚中部和西部大部分地区的语言非常相似，是布列塔尼语、康沃尔语、威尔士语、苏格兰语和爱尔兰语的源头。由于所有这些原因，我们需要尽可能冷静地看待西欧在整个史前时期这一长时段中的文化发展。

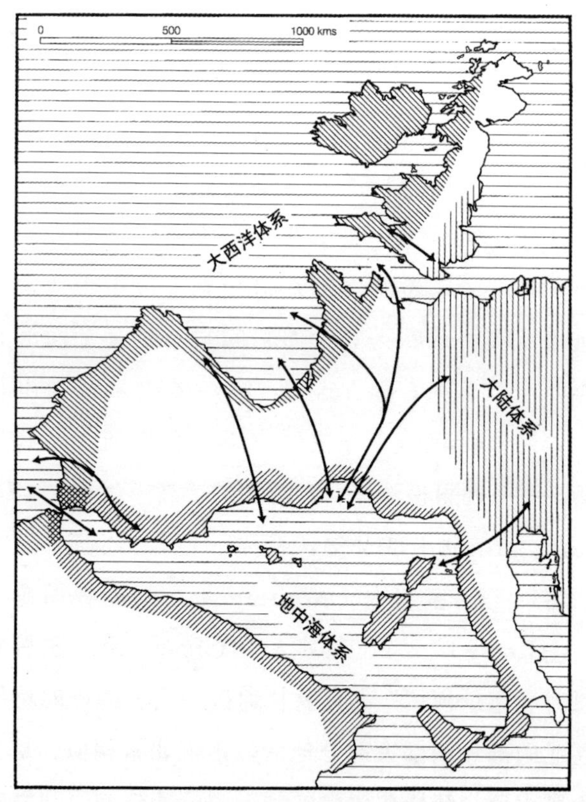


图 2　大西洋海上航道。这幅地图强调了面向大西洋一侧的欧洲作为海上交通连接区域的重要性

只要看一眼欧洲地图——对其适当的调整动摇了我们对地理的认知——就足以看出大西洋欧洲是一个有凝聚力的区域。它的许多海岬和半岛都是由海洋连接起来的，而下沉海岸线上被水淹没的山谷提供了深入内陆的掩护水域。法国和伊比利亚半岛的大河向西流入海洋，构成连接内陆大片领土和沿海地带的交通要道。

在这种严格的地理条件下定义的大西洋欧洲，和通过古典文本及凯尔特语群的分布所能看到的凯尔特人的范围有很大程度的重合。显然，这个问题值得进一步探讨。

大西洋航路作为一种交流手段的重要性在七八千年前首次显现，传统上称之为中石器时代。当时，对沿海社会来说，海洋是一种重要的资源。不仅是海岸被开发，我们从鱼钩的大小和捕获的鱼的种类来判断，更深的水域也被开发了，这意味着当时使用了海船，尽管我们对其知之甚少。中石器时代的捕鱼网络可能并不广泛，但是，如果捕鱼者依照季节规律跟踪鱼群，那么定期登陆的活动模式就会使不同的群落相互接触，从而使技术得以共享，信仰和行为模式也会沿海洋传播。

到了公元前4000年，在畜牧业和农作物种植被引进该地区之后，有关各地区间交换网络的证据变得更加明显。用闪长石制成并打磨过的石斧在布列塔尼中部普吕叙利安（Plussulien）的分布，就是最引人注目的例证之一。这些石斧被大规模生产和销售，毫无疑问，其销售路径是海路和主要河流，特别是卢瓦尔河和塞纳河。人们对这种交换的社会背景一无所知，但这些石斧很可能象征着崇高的威望，这远远超过了它们的实用价值。石斧在礼物交换的循环中易手，而这种礼物交换促进了社会的交流。

将宇宙观和对待死亡以及祖先的态度相连接的信仰体系，也沿着大西洋广泛传播，正如巨石纪念碑和墓葬的分布所显示的那样。近年来，精确的放射性碳年代测定法和对这些遗迹更细致的分析表明，它们反映的是一种大西洋范围内的现象，没有任何来自地中海的影响。在公元前第四个千年，主要的创新中心分散在大西洋沿岸，如葡萄牙的塔霍河（Tagus）地区、布列塔尼南部的莫尔比昂（Morbihan）、爱尔兰的博因河（Boyne）流域和奥克尼群岛。虽然每个地区都有自己的特点，但它们在建筑、艺术、宇宙观和信仰等概念上的共享程度是很显著的。虽然我们不再相信“巨石传教士”（megalithic missionaries）沿着大西洋海岸传教的说法，但这种令人震惊的文化共享所暗示的，是思想通过长期建立的社会网络的快速、持续传播，将面向海洋的社会联系起来，并沿着河流将这些实践传播到内陆。公元前第三个千年见证了这种模式的延续，其特点是一套独特的文化特征的出现、传播和吸收，这套特征通常被称为“钟形杯套装”。其文化概念包括将死者单独埋葬，并配以一个钟形杯，或者其他的人工制品，如箭、护腕、铜合金匕首和金耳环等个人装饰品。在很长一段时间里，人们认为这种文化在中欧和西欧大部分地区的广泛分布，是“钟形杯民族”（Beaker folk）迁徙的结果。但是，现在大多数考古学家认为，我们所看到的只是一种信仰体系的地方表现形式，这种信仰体系通过在过去 3000 年中形成的交换网络迅速传播开来。

最早的钟形杯被称为“海上钟形杯”（Maritime Bell Beakers），主要集中在塔霍河地区和莫尔比昂。这一分布和1000多年前出现的创新中心相呼应。这种类型的钟形杯可能首先出现在这两个地区中的一个，也可能是在两个地区同时发展起来的，因为沿海交换网络一直将它们联系在一起。

公元前第三个和第二个千年见证了对原材料的不断开发利用，特别是金、铜、锡等金属和琥珀、翡翠之类的装饰石。这些商品因其稀缺性而受到珍视，并且很可能在珍品交易系统中得到传播。这些商品的稀缺性及其出现的不均匀性，使某些地点和路线显得特别突出。

大西洋地区的金属供应尤其充足。受到大量开采的西伊比利亚黄铁矿带南部提供铜和银，北部提供金和锡。布列塔尼和不列颠西南部是锡的产地，也出产金和铜，而横跨爱尔兰南部到威尔士北部的区域是铜的重要来源，黄金则来自威克洛（Wicklow）山区。自从铜合金在公元前第三个千年被广泛用于制造工具和武器以来，人们对铜和锡的需求急剧增加，随之而来的是更多的开发和交换。

从沿着沿海路线散布的各种人工制品的分布情况，可以充分看出这些系统沿着大西洋的运作方式。用产于塔霍河地区的铜合金打造的尖刀，即著名的帕梅拉尖刀（Palmela points），一直分布到布列塔尼北部。由爱尔兰黄金制成的新月颈饰（Lunulae）传播到了康沃尔、诺曼底和布列塔尼，在布列塔尼、不列颠北部和北爱尔兰则发现了产自伊比利亚半岛西南部的贝尔索卡纳（Berzocana）黄金颈饰。从众多例子中选出的以上几个事例，证明了大西洋交换网络的活力。

从公元前 13 世纪至公元前 7 世纪（青铜器时代晚期和铁器时代早期），金属的精炼工艺和分销手段进一步发展。大量工具和武器的流通证明了这一事实，其中许多最后被埋在地窖里，或被扔进湖泊、河流或沼泽中，以满足某种仪式的需要。考古记录中保存了丰富的资料，从而使绘制并量化各个类型的起源区域和分布梯度成为可能。因此，一种被称为鲤鱼舌形剑（the Carp’s Tongue sword）的宝剑在布列塔尼大量出现，它显然是在那里制造的，这种剑从那里开始顺着卢瓦尔河和塞纳河分布，并穿过海峡进入不列颠东南部。在查伦特和西班牙南部至少有两个不同的地方，人们以这种宝剑为基础做了轻微的改动。这无疑意味着产于布列塔尼的那种剑被运到了南方，并且享有盛名，从而鼓励了当地的铁匠对其加以模仿，并做出小的改动。我们在这里看到的也许不仅仅是手工艺品的交换，而是价值观念的传递。

这种剑应该是武士精英用来显示自己地位的装备之一。在伊比利亚半岛的西南部，有一块公元前七八世纪的石碑，最初可能是用来纪念死去的武士的。许多石碑上都刻有逝者的形象，以及表明其身份的装备——四轮马车、宝剑、长矛和盾牌，还有其他难以辨认但可能是胸针或镜子的物品。这些剑的外形有的类似于鲤鱼舌形剑，而盾则被打造成带有凸起的同心肋状物和饰钉的圆形，就像铜制的盾牌一样。凸起的同心肋状物有一个“V”形中断，而这是所谓的“V”形缺口盾牌（V-notched shields）的典型特征。

伊比利亚半岛西南部的石碑是独一无二的，但他们打造的“V”形缺口盾牌在西欧的几个地方都有发现。在爱尔兰朗福德郡的一个沼泽中，发现了一块带有皮革的精致的“V”形缺口盾牌。这种盾牌在大西洋沿岸地区的分布反映了某些剑的种类（如鲤鱼舌形剑）和不同种类的长矛的分布。所有这一切都表明，整个大西洋地区的武士精英们拥有相同的价值体系，在某些情况下，甚至连武器本身的设计也是如此。

这个贵族社会的一个要素似乎是它对宴会的嗜好。宴会为建立和重申社会等级制度、磋商协议以及巩固联盟关系，提供了一个重要的机会。宴会围绕炉灶展开，配备有烤肉叉、炖锅，以及用来提起烤肉的钩子。这三件青铜器在西欧都有发现，它们分别来自不列颠和爱尔兰、法国西部和伊比利亚半岛。这些高度专业化的宴会设备反映了一种非常独特的行为模式，其分布带有明显的大西洋特色。

这些发现于不同地区的战士装备和宴会器皿，共同勾画了从伊比利亚半岛西南部到苏格兰的大西洋地区的完整面貌，这表明，在上述地区，不仅交流网络紧密运作，行为和信仰也被广泛共享。

作为工具和武器的常用金属，铁的引入似乎并没有以任何显著的方式破坏大西洋地区的传统文化，只不过在地窖里埋藏青铜器的做法终止了。在大西洋地区，由于所知的青铜器大部分来自地窖，因此表面上给人的印象是，青铜器的生产戛然而止。但有几件事在这里被混淆了，需要弄清楚。其中，青铜肯定继续被大量使用，而对铜和锡的需求也持续不减，直到公元前 7 世纪左右，大部分的大西洋青铜都是在当地被消费，或者通过回收的方式进入欧洲中部和北部市场的。从那时起，地中海似乎成为一个要求很高的新市场，那里的人们更喜欢用铸锭的形式来运送金属。因此，没有理由认为生产或分销的数量减少了。

不过，这种“窖藏”形式的终结还是很有趣的。人们常常认为，大部分的窖藏是为了向神还愿，而这种观念的形成是出于经济上的考虑：在一个金属日益过剩的时代，将金属从流通中剔除。事实或许是这样：在这种情况下，可以吸收剩余金属的地中海新市场的发展，可能打破了这种囤积的旧观念。

不管这些复杂问题背后的真相是什么，事实是传统信仰体系的核心仍然是完整的。直到公元 1 世纪，居住在水域的冥界神灵继续受到尊崇，武器和其他装备作为祭品也继续被投入沼泽、河流和泉水之中。

通过上述概览可以看出，海洋在物质分配和把距离遥远的社会联系起来方面，起着至关重要的作用，但这并不意味着长途旅行一定是通过海路进行的。有一个更好的方法来描述这个系统是如何工作的，那就是把大西洋海岸想象成一个连续的走廊，从摩洛哥到设得兰群岛（Shetland Islands），沿途有很多人在旅行，但都是短途的。在这样的系统中，虽然人们只能冒险走几十公里，思想和信仰却可以很快地从一端传到另一端。同样的情况也适用于主要的河流路线。通过这些走廊，大西洋沿岸社会与伊比利亚半岛和中欧西部的腹地直接联系起来，并通过这些区域和地中海世界联系。

到目前为止，我们还没有提到大规模的移民运动在这个故事中所扮演的角色。如果是 40 年前，它们早就被提到了，但在整个 19 世纪和 20 世纪早期曾经非常流行的入侵 / 移民范式很少出现在现代考古学推理中。这并不是说人口流动没有发生，显然这一定发生了，而只是想强调，最近的研究倾向于关注当地人口的连续性和持久性，并将文化变化解释为通过交流网络中思想的传播而产生的，这种传播受到了地方创新的鼓舞。

如果把大西洋欧洲的社会看作一个整体，并将其置于历史进程中进行考察，那么很明显，它并不是一个和光辉美好的地中海世界相对的遥远、愚昧的边缘地带，而是一个充满凝聚力的文化区。在这个文化区中，各个时期的巨大发展都建立在本土的创新之上。

那么，我们怎样才能把这幅考古学构造出来的图画与凯尔特人的问题并置起来呢？

至少从公元前 6 世纪开始，这些地区的语言就属于一种从 18 世纪初就被学者称为“凯尔特语”的语言。难道这种语言不是由从中欧来的入侵者或移民引入的，而是在公元前 5000 年开始的漫长互动过程中发展起来的大西洋当地社会的语言吗？如果这样说的话，那么下面这一点可能与此相关：许多被早期古典作家认为是凯尔特人的民族，生活在欧洲大陆的大西洋地带，在伊比利亚半岛和法国，他们的祖先可能在那里生活了几百代。在收集和考察到更多的证据之前，让我们先把这一点的影响搁置起来。

|第四章|

# 再来一点史前史：中欧的精英

04

为了完成对那些可能是凯尔特人故乡的欧洲地区史前背景的调查，我们必须考虑考古学所能提供的关于中欧西部的情况——这一地区与法国东部和德国南部大致重合。从地理上看，这个从阿尔卑斯山北侧向北延伸的地区得天独厚。欧洲大陆上的几条大河（多瑙河、莱茵河、罗讷河、索恩河、塞纳河和卢瓦尔河）就在这里交汇，形成了一个巨大的交通枢纽。如果河谷是最便捷的通道，那么中欧西部就位于一个交叉点上，在这里，最终连接黑海和大西洋的东西走向路线和从西地中海和亚得里亚海到英吉利海峡、北海和波罗的海的南北走向路线相交叉。占有这样得天独厚位置的社会，完全有机会变得强大并富有创新性。

在青铜时代晚期（约公元前 1300 — 公元前 800 年），西欧开始形成一种十分有特色的文化，使其有别于广阔大陆上的其他地区，这种文化通常被称为瓮棺文化（Urnfield culture）。在这个北阿尔卑斯山区，山堡的数量开始激增，人们在许多墓地里发现了大量骨灰瓮，并通过其中的陪葬品辨别出来一些墓主属于精英阶层。能体现墓葬主人地位的一类人工制品是零零碎碎的马具，代表的是乘用马或拉四轮马车的马，这种四轮马车可能曾出现在葬礼的游行队伍中。

在埋葬仪式中使用马和四轮马车，这在欧洲东部和黑海大草原及更远的地方有很长的历史。人们很容易将这些特征在北阿尔卑斯地区的出现视为交流发展的结果，这种交流为该地区的精英们提供了一种奇特的行为模式，他们可以借此将自己与地位较低的人区分开来。

在公元前 8 世纪和公元前 7 世纪（在考古术语中称为哈尔斯塔特 C 时期，现在可以明确的是，当时已经使用了铁），由于精英阶层用的是土葬，这意味着他们的陪葬品是和他们一起被埋葬的，而不是在火葬用的柴堆上被销毁，所以在考古记录中精英阶层变得更加引人关注。现在，我们通常根据坟墓中是否有四轮车辆来判断这座墓是否属于更富有者，这种四轮车辆可能是殡葬车，与死者一起埋葬在一个大的墓穴中，其他的装备也一同置于其中，包括马具，通常还有一把长剑。哈尔斯塔特C时期的马车坟墓分布在一个相对狭窄的区域，即从波希米亚延伸到德国南部，这是一个更广阔区域的核心。在更遥远地区的墓葬中，地位较低的武士用他们独特的铁剑陪葬，但没有像马车这样象征精英阶层的陪葬物。如果把铁剑的集中使用作为这一核心文化群体的标志，那么这一区域涵盖了从波希米亚到勃艮第、从阿尔卑斯山到莱茵河中部的整个地区。

仅凭考古证据很难对这么大一个地区的社会复杂性进行建构，但社会的等级性隐含在显然不同的墓穴中。在经历了六七个世纪的稳定之后，这里的人口很可能基本保持不变，祖先的土地通过连续不断的继承代代相传。通过长期建立的彼此间义务分明的网络，不同群体之间在一定程度上保持着和谐的关系。在这一阶段，构成哈尔斯塔特C时期核心区的许多分散的政治体，很可能都认为自己是单一民族。

到了公元前6世纪，这些群体的发展进入了一个新的阶段，使得哈尔斯塔特精英们在考古学上更加容易被辨认。这是希腊人与伊特鲁里亚人之间的联系得以发展的结果，这种联系使得来自希腊和伊特鲁里亚世界的独特的制造业产品，进入北方精英们的宫廷中。这种接触发展缓慢。最早的开拓者是伊特鲁里亚人，在公元前 7 世纪时，他们已经在法国南部海岸里昂湾（Golfe de Lion）一带建立了贸易中转站，如罗讷河河口的圣布莱斯（Saint–Blaise）等地。尽管这样做的经济诱因是与沿海社会和毗邻的内陆地区进行贸易，但偶尔也会有贸易商品流向更靠北的地区。公元前 7 世纪末，来自小亚细亚海岸的希腊人开始探索这片水域，大约在公元前 600 年，他们在马萨利亚（马赛）建立了自己的贸易站。到了公元前 6 世纪中叶，希腊人开始支配该地区，从地中海进口的商品开始出现在更广泛的考古记录中，如青铜饮酒器和阿提卡陶杯（既有黑彩的，也有红彩的），以及装在独特的双耳陶罐中的马赛葡萄酒，它们不仅出现在沿海地区和罗讷河下游流域，而且更频繁地出现在中欧西部的哈尔斯塔特遗址中。

这些奢侈品是通过什么机制来到北方的？这很难确定。但可以想象，那些更精致的奢侈品是为了建立良好关系以促进贸易而向北方部落首领赠送的外交礼物，比如维克斯（Vix）的青铜酒罐，一位学者半开玩笑地把它们称为“宣传品”。从本土精英的角度来看，奢侈品的易得性为他们提供了一种新的方式，来显示他们在生前和死后的崇高地位。因此，无论是在芒特拉斯瓦（Mont Lassois）和赫内贝格（Heuneberg）等设防的山顶定居点，还是在维克斯、霍赫多夫（Hochdorf）和霍梅塞尔（Homichele）的大人物墓穴中，都能找到从地中海进口的葡萄酒，也就不足为奇了。这些丰富的哈尔斯塔特 D 时期的墓葬和同时代的山顶定居点（有时被称为“贵族所在地”）形成了一个紧凑的区域，从勃艮第一直延伸到巴登－符腾堡州，东西长约 600 公里，南北长约 200 公里，涵盖了所有主要河流的源头。无论是地中海进口商品的分布，还是黄金的广泛使用，都生动地表明了社会的富有。

使这些精英得以维持生计的社会体系被称为“信誉商品经济”。精英阶层使自己成为唯一能够从体制外获得奢侈品的人。作为被庇护人对庇护人服务的回报，其中一些新奇的东西，以及系统内部产生的有价值的商品以礼物的形式被传送到各个层级。

在这样的体系中，地位最高的首领很可能通过中间人（地中海伙伴的大使），获得具有异国情调的地中海商品，宴会是赠送礼物和回赠价值相当的礼物的场合。这些礼物最可能是原材料，如黄金、琥珀、锡、盐、毛皮，除此之外还有奴隶。所有这些商品都可以在这一区域内部或北部和西部的边缘地区获得。

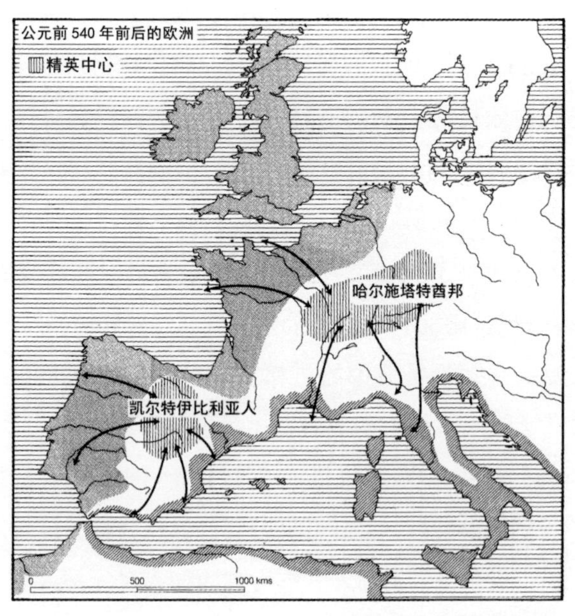


图3　公元前540年前后的欧洲

这里所描绘的社会经济体系似乎是相对短暂的，在公元前540年前后形成，在公元前480年结束。换句话说，这种平衡只维持了两三代人。为什么这种体系会走向终结，使得西方哈尔斯塔特精英们从考古视野中消失，这很难确定，但很可能是由于与地中海世界交换制度的重新定位。

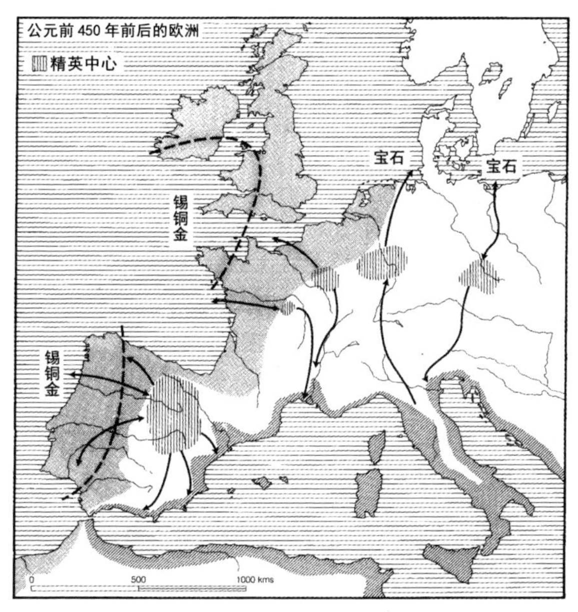


图4　公元前450年前后欧洲的精英中心及其网络

与此直接相关的一个因素是，公元前520年至公元前480年间伊特鲁里亚势力范围的扩张，其势力从伊特鲁里亚向北穿过亚平宁山脉进入波河流域，从而促进了通过阿尔卑斯山脉的关口而与北方蛮族进行的常规贸易。这不仅体现在主要贸易路线上的定居点科莫（Como）的快速发展中，还体现在伊特鲁里亚青铜器（特别是酒壶和储酒罐）在北部精英墓穴中的大量出现。这些青铜器可能来自公元前480年至公元前420年的伊特鲁里亚人的城镇，比如武尔奇（Vulci）。关于它们在中欧西部的分布，特别值得注意的一点是，它们往往被发现于新出现的精英的坟墓中，这些人占据着古老的哈尔斯塔特D时期那些酋邦的北部边缘地带。在考古学术语中，这些墓葬属于“拉腾A”（La Tène A）或称“拉腾I”（La Tène I）时期。名称的改变并不意味着有任何大的动荡或人口流动，而只是反映了发生在公元前5世纪早期的文化变化和社会调整。

关于拉腾时期精英是如何出现的这一问题，有很多种说法。一种就是将其视为伊特鲁里亚贸易向北扩张的结果。在莱茵河和摩泽尔河之间的莱茵兰中部，伊特鲁里亚酒壶的分布非常密集，看起来好像在伊特鲁里亚和这个地区之间建立了一种联系。这样的发展可能打破了先前支撑哈尔斯塔特 D 时期酋邦的信誉商品经济的微妙平衡。另一种可能（并不排除第一种可能）是，在哈尔斯塔特酋邦的主要聚集地周边，控制主要路线节点和资源的社会变得越来越强大。早期的拉腾精英墓葬可分为四个区域。最大的区域在摩泽尔河地区，另一个位于向西 200 公里的马恩河地区，较小的集中地在波希米亚和布尔日附近。每一个区域都控制着一条通向西部或北部的主要河道。

对于哈尔斯塔特和早期的拉腾精英阶层的兴起，一种简单的解释是，其兴起是由于作为消费者的地中海地区和西部及北部资源丰富的蛮族人之间的经济互动。随着公元前 7 世纪地中海需求的增加，久已存在的哈尔斯塔特精英们能够控制商品和人力的流通，但只有经过两三代人之后，拥有特定资源的社区才能从中受益。布尔日的部落掌握着大西洋的锡矿，而波希米亚的部落首领们控制着从波罗的海出发的主要琥珀贸易路线。对摩泽尔河和马恩河地区的群体来说，使他们兴旺发达的可能是各种各样的资源，例如金、铁、盐和奴隶。因此，新的权力中心出现在旧权力中心的外围，就像蘑菇一样，从最初的菌落开始一圈一圈向外发展。

这些新的早期拉腾酋邦虽然保留了哈尔斯塔特D时期那些酋邦的一些特点，但在许多方面与它们不同。这时的拉腾墓葬在选取陪葬车辆时，更喜欢两轮战车，这可能是受到了伊特鲁里亚人的启发。另一个显著的不同是，在拉腾时期的坟墓里，武器很常见。不仅仅是精英，许多男性死者都有剑和长矛作为陪葬品，偶尔还有头盔。在哈尔斯塔特D时期的酋长墓葬中，通常使用的“武器”是一种更适合狩猎和宴会而不是战斗的匕首。虽然仍然有宴会用具，如伊特鲁里亚酒壶、储酒罐和阿提卡酒杯，有时还有烤肉叉，但早期的拉腾墓葬强调的是死去武士的军事实力。显然，新兴精英的社会基础与他们前辈的大不相同。

至于为什么会这样，我们只能靠猜测，但一种可能是，占据旧哈尔斯塔特核心区周围领土的社会，参与了掠夺奴隶和其他商品的行动，他们用这些商品与核心区的精英进行交换。对商品日益增长的需求加剧了这种好战倾向，从而提供了一种机制，通过这种机制，成功的战争领导人可以上升到主导地位。

马恩河和摩泽尔河地区精英们的宫廷也为工艺技能的惊人发展提供了必要的赞助，特别是一种极具特色的、通常被简称为“早期凯尔特艺术”的艺术风格。一开始，它就是一种旨在装饰富人财产的贵族艺术。在最早的作品中，我们可以看到工匠们从不同的元素中获得了灵感。这些容器的形态要归功于伊特鲁里亚人的原型，而像棕叶饰和蔓藤花纹这样的伊特鲁里亚图案，则被迅速地转变成充满活力的涡卷、卷须和叶形图案，在本土工匠的手中，这些图案流动自如。一些灵感也来自东方的动物艺术，也许来自匈牙利大平原或更远地方的斯基泰人。一开始，这些动物的形象是很明显的，就像罗登巴赫（Rodenbach）的金臂环上的装饰动物那样，但后来它们发生变形，与从树叶变形而来的丰富的曲线图案融合在一起。虽然最早的凯尔特艺术仍然很拘谨，严重依赖于两侧对称，但不久就摆脱了这种对称，变得更加充满想象力。用艺术史学家不带情感色彩的术语来说，早期的严格画风让位给了自由画风。

图5　1873年在法国北部马恩河地区松比翁（Somme-Bionne）发现的其中一个早期拉腾精英的坟墓

凯尔特艺术有时被考古学家认为是一个独立的主题，可以脱离所有的社会背景对其加以研究。而实际上，艺术风格深深植根于社会，反映了社会的信仰和价值观。因此，艺术风格的采用不仅仅是随意借用装饰图案，它更像是对一种复杂文化的热情接纳。撇开交换网络中那些分散的孤立物品不谈，可以公平地说，这些社会接受了反映在我们称为“凯尔特”的艺术风格中的价值观，将其融入自己的物质文化中，以此宣告他们接受一套共同的文化价值观。这是否可以被看作是一种共同的民族身份的声明？我们将在后面回答这个问题。

第五章

# 迁徙的民族

05

公元前400年前后，凯尔特人开始从阿尔卑斯山北部迁移到地中海地区，几个世纪之后，希腊和罗马的历史学家详细记录了这一过程。这些资料足够详细，可以勾勒出各种移民和掠夺的历史轮廓，并对所涉及的社会的性质和武士们的作战方法提供一些有价值的意见。即便如此，我们也必须记住，我们的两个主要信息来源是波利比乌斯和李维，他们的写作都是为罗马服务的，因此很容易添油加醋地采用对凯尔特人固有的刻板印象。然而，他们可能有机会接触到那些如今已经不复存在的史料，因此他们所提供的基本历史信息总体上还是可以接受的。

李维简单描述了迁移是如何开始的。由于人口过多，他们在比图里吉人（Biturige）的领导下从高卢开始迁徙。国王恩比加图斯（Ambigatus）

选择了他的两个侄子作为迁徙队伍的领导者，在咨询了占卜师之后，一个带领他的人民向东穿过黑森林和波希米亚，而另一个则向南进入意大利。“他带着比图里吉人、阿维尔尼人（Arverni）、塞诺尼人（Senone）、埃杜维人（Aedui）、安巴里人（Ambarri）、卡尔努特人（Carnute）、奥勒西人（Aulerci）等不同部落的剩余人口出发了，有的骑着马，有的步行。”（《历史》，5.34）他们一穿过阿尔卑斯山，就在米迪奥拉努姆（Mediolanum，现在的米兰）建立了一个定居点。后来的作家庞培·特罗古斯（Pompeius Trogus）补充道：“参与移民的 30 万高卢人中，有些人越过亚得里亚海的源头，来到潘诺尼亚（现在的匈牙利）定居。”

李维认为高卢人的到来大约是在公元前 600 年，而波利比乌斯认为是在公元前 400 年，即 200 年后。对于这种明显的矛盾，可以这样来解释：最初的迁徙可能如李维所说，大约公元前 600 年就开始了，一些小群体翻越阿尔卑斯山口，在阿尔卑斯山南麓的科莫湖和马焦雷湖附近定居下来。这是（考古学所命名的）戈拉塞卡文化的所在地，可以证明它一直在与北方的哈尔斯塔特社会进行贸易。人口的南迁并非不可能，事实上，有一些考古证据支持公元前 5 世纪时凯尔特人在戈拉塞卡文化区南部边缘定居的观点。甚至有可能是凯尔特人故意在那里定居，以便为伊特鲁里亚人的扩张主义利益提供缓冲。这些凯尔特移民是第一拨，到了公元前 5 世纪末，凯尔特移民已经形成了一股浪潮。

波利比乌斯叙述了主要的迁徙过程，列举了各个部落的名称并解释他们是如何逐渐殖民波河流域的。后来到达的人，穿过那些已经被人占领的领土，到更远的地方定居，直到最后一拨到来的塞诺尼人向南迁移到亚平宁山脉和亚得里亚海之间的最后一片土地。考古证据为这一说法提供了一些支持，使个别部落群体的身份得以确定，并在某些情况下根据他们的葬礼将他们与阿尔卑斯山以北的故土联系起来。根据波利比乌斯的说法，凯尔特定居者住在村庄里，从事“战争和农业”。财富是用牲畜和黄金来衡量的，而一个人的地位则反映在他所能说服的随从人员的数量上，这些随从服侍他并受他保护。

古典作家所描绘的故事梗概无疑是对复杂现实的一种过于简单化的描述，但总的来说，它与重点不那么突出的考古学证据是一致的。

这些信息来源一致认为，人口过剩是移民的主要原因，其次，人们因为知道南方的波河流域有诸多好东西而被吸引到那里，特别是无花果干、葡萄、油和葡萄酒。从建立已久的交易网络来看，第二点很容易理解。通过这些交易网络，伊特鲁里亚人的饮酒器以及其他商品从公元前 6 世纪晚期开始向北方出口。这些可见的考古物品只代表了到达北方的南方奢侈品的一小部分。

人口压力的问题比较难以把握，但在马恩河和摩泽尔河地区有充分的证据表明，在公元前 5 世纪，人口数量有持续性的显著增长。正如我们所看到的，在这些地区，精英组成了一个武士贵族阶层，这就意味着劫掠形式的战争已经成为社会体系的一部分。在人口稳步增长的情况下，这种掠夺性质的远征很容易变得越来越野心勃勃。年轻的战争首领带着他们的追随者离开故土，并走得越来越远。这种系统有一个内在的升级趋势。一些军事首领会永远离开故土，和自己的追随者一起在遥远的地方定居下来，这只是时间问题。这一过程一旦开始，就会愈演愈烈，吸引人口迁移到新的环境中，并以那里为据点掠夺新的领地。这样的情况可能为凯尔特人的迁移提供了动力，从公元前6世纪的小规模迁徙开始，到公元前5世纪末达到了殖民的高潮。到公元前5世纪，马恩河和摩泽尔河地区都呈现出某种程度的人口减少的迹象，这一事实进一步证实了这种观点。定居在波河流域后，这些凯尔特群体似乎延续了他们的劫掠生活方式。波利比乌斯强调他们对战争和流动性的依恋。事实上，有足够的历史证据证明凯尔特人曾向南方入侵。公元前391年，伊特鲁里亚人的城镇克鲁西姆（Clusium）遭到攻击，一年后，凯尔特人的队伍蹂躏了罗马城的大部分地区，并包围了包括朱庇特神庙在内的其他地方。在接下来的150年里，这种侵袭时断时续。在这段时间里，连远在南方的阿普利亚（Apulia）都有四处流窜的劫掠队伍。

虽然在一开始，凯尔特人的常规侵略模式可能只是在每年的夏季进行有组织的劫掠，到了秋季，战士们带着战利品回到他们在波河流域的家，但是与地中海国家的接触创造了新的机会，从而改变了凯尔特人的侵略模式。早在公元前 385 年，凯尔特战士在塞诺尼人领地上的安科纳（Ancona），被叙拉古的狄奥尼修斯征用，充当雇佣兵，毫无疑问，这一行为是由凯尔特人的领袖指挥的。在接下来的 30 年里，狄奥尼修斯和他的儿子在意大利和希腊都利用了凯尔特雇佣兵。

波河流域的大量凯尔特人为他们提供了源源不断的战士。第二次布匿战争期间（公元前 214 — 公元前 202 年），汉尼拔在意大利的战役中想依靠凯尔特人雇佣兵，但没能成功。战争结束后，罗马人意识到必须一劳永逸地解决凯尔特人的威胁。公元前 197 年，赛诺曼人（Cenomani）被迫媾和，经过一系列的战役和殖民地的建立，到公元前 183 年，波河流域，也就是山南高卢，已经处于罗马人的实际控制之下。

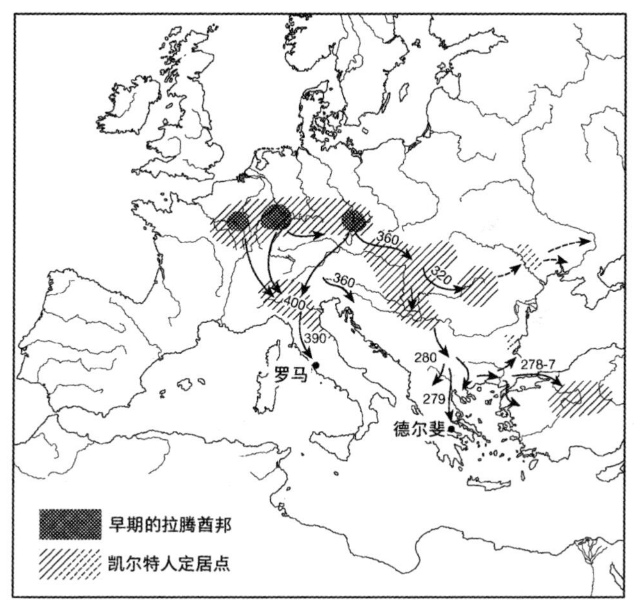


图 6　被历史资料和考古学证实的公元前 400 至公元前 270 年间凯尔特人的迁徙

在李维笔下，凯尔特移民的开端被描述成了一场沿多瑙河流域向东的迁徙。没有关于凯尔特移民进一步的历史记录，但是到公元前 335 年，凯尔特人已经到达了巴尔干半岛（尽管他们可能是通过波河流域到达的）。我们之所以会知道这一点，是因为来自亚得里亚海地区的凯尔特使者拜见亚历山大大帝，目的是商定友好条约。

考古证据表明，公元前 4 世纪时，一定数量的凯尔特人可能从多瑙河上游流域，进入多瑙河中游地区，在这条河两岸的外多瑙地区和匈牙利大平原（现在都在匈牙利）定居，并从这里向下游扩张到德拉瓦河（Drava）和萨瓦河（Sava）的交汇处（位于今天的塞尔维亚）。其他群体往东迁移到特兰西瓦尼亚，也就是现在的罗马尼亚中心地区。拉腾风格的人工制品的出现和拉腾土葬风俗的采用证明了这一切，但我们对这种迁移的性质基本上一无所知。

在波希米亚人的故乡，有一些考古证据表明存在着复杂的人口流动，一些土地被遗弃，这可能是向外移民的结果，而来自西方的新群体则迁入此地。在这个剧变和人口流动的时期，移民、劫掠者和流离失所的人可能会融合在一起，共同向东迁徙，占领土地并定居，将自己重新整合进新格局中。当地居民在这一过程中所起的作用是模糊的，但毫无疑问，在公元前 4 世纪的混乱中出现的群体中，有可能当地居民占了很高的比例。因此，虽然这一群体的物质文化外观主要是拉腾风格的，其基因的组合可能已经非常不同了。多瑙河中游地区的居民通常被古典作家和考古学家称为凯尔特人，但是我们最好记住，要想描述新出现的部落格局，“凯尔特化的”可能是一个更合适的表达。

公元前 335 年，凯尔特人使者和亚历山大之间的会面（据说是在这次会面时，凯尔特人说出了那句名言，即他们只担心天会塌下来砸在他们身上）提醒我们，马其顿国家控制了巴尔干半岛的大部分地区，从而对凯尔特人的进一步扩张构成了障碍。公元前 323 年，亚历山大死后，政局不稳，新的劫掠和扩张机会出现了。公元前 298 年，由布伦努斯（Brennus）率领的凯尔特劫掠者攻入色雷斯（Thrace）和马其顿，但被强有力地击退。后来，在公元前 280 年的另一次劫掠中，一支由凯尔特人和色雷斯人组成的军队成功地杀死了一名马其顿指挥官，并将他的头穿在长矛上示众。这场胜利为第二年更大胆的袭击铺平了道路，当时一支非常强大的军队向南推进，进入希腊德尔斐（Delphi）的阿波罗神殿。帕萨尼亚斯说，吸引他们的是“希腊城邦的财富，以及神殿中更多的财富，其中包括供奉物品和金银铸币”。后面究竟发生了什么，我们并不清楚，但德尔斐神庙似乎毫发无损，而面对入侵时发生的地震和与之相伴的雷电，凯尔特军队失去了勇气，放弃了围攻，向北撤退。

**布伦努斯（卒于约公元前 278 年）**

布伦努斯（这个名字可能是虚构的）是一支庞大的凯尔特劫掠部队（据说有 4 万人）的领导人，在亚历山大大帝死后的动荡时期，他们在巴尔干半岛横行霸道。公元前 279 年，他的军队占领了马其顿，并向南进入希腊，因为他们听说德尔斐神庙里有很多财富。在温泉关，希腊人拦住了这些入侵者。布伦努斯兵分三路，派出一支小分队去掠夺埃托利亚（Aetolia），这样就把埃托利亚人从温泉关引开，让凯尔特人成功突破希腊人的防守。当在埃托利亚的凯尔特分队和由阿喀科里俄斯（Acichorius）率领的另一支分队，被希腊人用游击战术反复袭击时，布伦努斯到达德尔斐并包围了神殿。后来发生了什么并不清楚，希腊史料对此并未描述，但最后暴风雪和落石使凯尔特士兵士气低落，布伦努斯也在一次交战中受伤。最后，军队向北撤退，但遭到色萨利人（Ssalian）的袭击，失败的首领布伦努斯自杀身亡。他的残余势力同其他部队一起进入小亚细亚。他们的后裔在公元 1 世纪仍被认为是一个独特的民族，圣保罗在一封书信中称他们为“愚蠢的加拉太人”。

虽然亚历山大之死和随后马其顿实力的削弱，确实为凯尔特人提供了掠夺希腊的机会，但这可能不是直接原因。毕竟，在这次袭击之前，多瑙河中部的凯尔特部落似乎已经沉寂了好几代。然而，在这次劫掠之前的 20 多年里，罗马人一直在向住在亚得里亚海沿岸的塞诺尼人推进。在公元前 295 年和公元前 283 年的两场战役中，塞诺尼人都被彻底打败了。这将会引起非常大的不安，不仅是对塞诺尼人，对波河流域的其他凯尔特部落也是如此，他们可能会意识到很快就要轮到自己了。许多人决定离开，可以想象，新移民的浪潮将向东席卷斯洛文尼亚，到达多瑙河中部地区。这成为新一轮袭击的催化剂，最终导致公元前 279 年对希腊的大规模袭击。

这次突袭的失败直接导致了短命的凯尔特联盟的瓦解。一些人留在希腊充当雇佣兵，一些人回到了多瑙河中部地区，还有一些人在靠近黑海的色雷斯人的土地上定居下来。然而，许多人仍然继续前进，穿过达达尼尔（Dardanelles）海峡，到小亚细亚寻找出路。凯尔特人在小亚细亚的探索持续了三个多世纪，从公元前 278 年第一批移民的到来到公元 1 世纪中叶圣保罗写作《加拉太书》之时——“加拉太人”是这里的凯尔特群体被熟知的称呼。即使到了公元 4 世纪，人们仍能从他们的语言中辨认出他们遥远的祖先。圣杰罗姆说，这使他想起了生活在特里尔（Trier）附近的特雷维里人（Treveri）的语言。但是圣杰罗姆的记忆可能是由他先前已知的加拉太人的祖先是凯尔特人这一事实所决定的。

公元前 3 世纪涌入安纳托利亚的凯尔特人，并不仅仅是寻求军事行动的武士队伍。据记载，在一支由 4 万人组成的队伍中，有一半是不适合服役的妇女、儿童和老人。这显然是一种寻求定居地的民族迁徙，而他们的战斗人员可以作为雇佣兵为当地希腊化统治者服务或继续从事传统的劫掠活动。他们最早的定居点是土耳其北部哈勒斯河（Halys）边一块贫瘠的高地，他们从这里出发四处掠夺。后来，他们在安纳托利亚中心（现在安卡拉附近的一个地区）重新定居下来，继续进行劫掠。他们此时的目标集中在爱琴海沿岸的富裕城市，直到公元前233年被拍加马国王阿塔尔一世彻底击败。在接下来的几年里，凯尔特武士在塞琉古王朝和托勒密王朝的统治者手下服役，并在公元前190年的马格尼西亚（Magnesia）战役中扮演了重要的角色。当时他们和塞琉古国王安提奥克三世（Antiochus III）被罗马和拍加马的军队击败。作为胜利者强加条件的一部分，加拉太部落同意停止掠夺，但在公元前167年，他们又开始侵犯拍加马的利益。直到拍加马统治者欧迈尼斯二世（Eumenes II）获得了决定性胜利，他们才最终屈服（并为欧迈尼斯在拍加马和雅典建造他的伟大胜利纪念碑提供了理由）。

虽然我们有丰富的参考资料（文字和雕塑）来证明凯尔特人在小亚细亚的存在，但令人惊讶的是，几乎没有具有明显拉腾特点的物质文化。这一定意味着，当随身携带的个人物品用完时，他们情愿使用当地的物品。毕竟，他们正在进入一个在技术和文化上都比他们来的地方更先进的地区。然而，在战斗中，他们似乎保留了他们的传统武器和战术。公元前 233 年，战败凯尔特人之后，拍加马人在建立的纪念碑上描绘了明显具有拉腾特征的武器。甚至到了公元前 190 年，一些加拉太战士还赤身裸体地投入战斗，就像距此大约 40 年前，一些在意大利作战的凯尔特人在面对敌人时所做的那样。乍一看，这似乎暗示着一种跨越三四代的守旧性。但仍然存在这样一种可能，即在整个时期，来自多瑙河中游流域的凯尔特人继续前往安纳托利亚，与已经在那里的族人会合。无论情况是否如此，某种祖先认同感似乎一直延续着。

我们所讨论的从公元前 400 年到公元前 200 年的迁徙运动是那些有直接文字证据的运动。不可避免地，其重点放在与希腊罗马世界的互动上。考虑到当时的流动性，如果在最初的拉腾核心区的北部和西部边缘没有其他的人口流动，那将是令人惊讶的。在类似的部落名称中也有相应的暗示。帕利西人（Parisi）是在塞纳河流域和东约克郡被发现的，而特克托萨季人（Tectosages）部落在公元前279年之后进入了小亚细亚，并在现代的图卢兹附近定居下来。在这两个例子中，都有可以被认为反映了某种直接关系的文化证据。这充其量只是提醒我们：情况很复杂，而我们的证据往往是十分片面的。

| 第六章 |

# 对话

06

我们在前文探讨的考古证据相当明确地表明，西欧大部分地区的社会在很长一段时间内都维持稳定，并且往往通过交易网络被联系在一起。在考古学的支持下，古典作家的证词增加了一个不同的维度，他们描绘了大约公元前 400 年之后，这些民族为了跻身地中海历史，而从中欧西部向南和向东的复杂迁徙。在当地民族长时段发展和到处迁徙的过程中，他们需要互相交流。他们所使用的语言虽然形态各异，但是都属于一个语系，自 18 世纪初，语言学家称其为“凯尔特语”。

人们可能会认为，经过 200 年的学术研究，早期凯尔特语言的起源和发展已经得到了很好的理解，然而，在最近发表的论文《早期凯尔特人：语言的证据》（*The Early Celts: The Evidence of*

*Language*）中，这个领域最杰出的研究者大卫·埃利斯·埃文斯（David Ellis Evans）对凯尔特语言学进行了热情的回顾，他得出结论说："总的来说，这个领域的学术活动并没有产生令人普遍接受和具有启发性的结果。虽然已经取得了一些新的进展，但我们绝不能否认或掩饰这一点：这个领域所讨论的话题如迷宫般错综复杂，令人沮丧。"牢记这一警告，让我们谨慎行事。

对凯尔特语的研究始于17世纪末的牛津，最早的研究者是爱德华·卢伊德（见本书第195页）。卢伊德曾在阿什莫林博物馆工作，最初担任馆长助理，从1690年到1709年去世，他一直担任这家博物馆的馆长。在他对学术的诸多贡献中，对比较语言学领域的贡献最大。到1695年，他的研究已经达到了一定程度，他觉得自己已经能够为他打算出版的伟大的综合性著作《不列颠考古》准备一份大纲了。在这份大纲中，他说他希望把威尔士语与其他欧洲语言进行比较，其中除了希腊语和拉丁语外，还包含邻近的爱尔兰语、康沃尔语和阿莫里卡语（Armorican）。按照最初的设想，《不列颠考古》将是一部多卷本的著作，但最终只有第一卷在 1707 年问世。他写道，创作本书的目的是“更清楚地认识三个王国的创立者，更好地理解我们古代的人名和地名”。为了使他的读者能够理解用爱尔兰语和布立吞语写成的原始资料，他觉得有必要提供一些语言工具。因此，第一卷的标题为《注释》（*Glossography*），提供了爱尔兰语、布列塔尼语和康沃尔语的语法和词汇表。他选择将这些语言连同威尔士语和高卢语一并称为“凯尔特语”。

卢伊德在他的信件中提到并讨论了威尔士语、康沃尔语和布列塔尼语之间的相似之处，以及它们与爱尔兰语之间的差异（这一差异后来被系统化，成为 P 凯尔特语和 Q 凯尔特语之间的差异）。为了解释这一点，他开始构建一种历史模型。1700 年以后，他与朋友进行了讨论，准备在《不列颠考古》的威尔士版前言中概述这一模型。他设想最初一群来自高卢的侵略者来到不列颠，但后来随着来自高卢的第二批入侵者的到来，他们被赶到了苏格兰和爱尔兰。在爱尔兰，他们与当地的苏格兰人混居在一起，苏格兰人早先从西班牙来到这里，其中一些人后来进入了今天的苏格兰。

这就是入侵模型的起源，一些学术圈子仍将其视为一种基础认识，即来自欧洲大陆的凯尔特入侵者将凯尔特语引入不列颠和爱尔兰。这种认识基于这样的观点，即不列颠和爱尔兰的语言是从欧洲大陆引进的，它们与被古典作家称为凯尔特人的民族所说的语言是相同的。但必须强调的是，这两个观点都仅仅是假设。

1882 年，牛津大学凯尔特学教授约翰·瑞斯爵士（Sir John Rhŷs）出版了一本很有影响力的书，名为《早期不列颠：凯尔特不列颠》（*Early Britain: Celtic Britain*）。基于卢伊德的开创性工作和随后的学术讨论，他正式提出了入侵理论，并得出结论：使用 Q 凯尔特语的戈伊德尔族凯尔特人（Goidelic Celt）从高卢迁移到不列颠群岛定居，其中一些到了爱尔兰。后来，使用 P 凯尔特语的不列颠凯尔特人（Brythonic Celt）到达了不列颠南部，驱逐了早期的定居者，这些定居者逃到了不列颠的西部地区和爱尔兰。在他清楚地陈述了这个理论之后，就该由考古学家来提供文化上的支持证据和确定年代了。

过去的理论就讲到这里，现在让我们根据最近的研究，看看语言学证据给了我们哪些启示。凯尔特语属于印欧语系，为了方便起见，被分为两类：大陆凯尔特语和海岛凯尔特语。顾名思义，大陆凯尔特语是在欧洲大陆（除了布列塔尼之外，布列塔尼的情况更加复杂，后面会有探讨）上使用的凯尔特语，现已不复存在。对其了解主要是通过记录在硬币上、古代历史学家的著作和铭文上的人名和地名，以及一些（非常罕见的）较长的铭文，这些铭文提供了这种语言结构的简短暗示。从这些极为稀少的记录中，我们可以区分出三种截然不同的语言：高卢语、凯尔特伊比利亚语和勒庞特语（Lepontic）。在多瑙河中游和小亚细亚地区，也发现了零星的凯尔特地名和人名。这些名字可能源于公元前 4 世纪开始的移民运动，但它们在后来的语境中才被证实，并不能反映这些地区的语言状况。

海岛凯尔特语过去曾在大不列颠、爱尔兰和布列塔尼被使用，现在这些地区的部分地方仍在使用这种语言。正如我们上面看到的，这种语言在传统上被分为两种，即 Q 凯尔特语或戈伊德尔族凯尔特语，P凯尔特语或布立吞凯尔特语。这种区别是基于“qu”的发音（以及拼写）。在Q凯尔特语中，它仍然发硬音“q-”或后来出现的“k-”音，而在P凯尔特语中，它软化为“p-”，因此，“four”（四）在爱尔兰语中是“cethir”，在威尔士语中是“pedwar”。尽管过去的语言学家对这一区别做了大量的研究，但现代语言学家倾向于淡化它，强调这只是海岛凯尔特语族下属各种语言之间的区别之一，并且也许不是最重要的区别。虽然如此，爱尔兰、马恩岛和苏格兰西部说Q凯尔特语，而布列塔尼、威尔士以及大约1800年以前的康沃尔说P凯尔特语。在第一个千年中期逐渐被日耳曼语和罗曼语取代之前，P凯尔特语似乎也是不列颠其他地区的语言。

海岛凯尔特语的巨大价值在于，它仍然是一个活生生的语族，人们可以对其进行研究，并可以通过一系列早期文本追溯其历史。然而，这些研究的复杂性在两个例子中得到了很好的证明：盖尔语和布列塔尼语。

苏格兰盖尔语和曼岛语都属于Q凯尔特语，一般认为是在公元三四世纪通过民族迁徙而从爱尔兰传入的，这方面有很好的历史证据。然而，这两个地区有可能此前就已经在使用Q凯尔特语了，历史上的入侵只是强化了当地的语言。

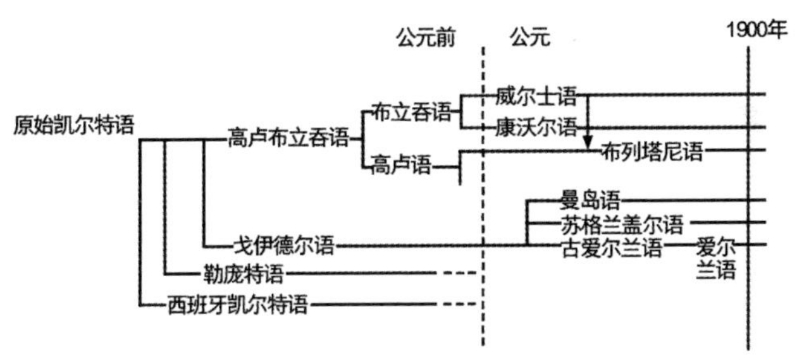


图7　凯尔特语系的发展谱系

布列塔尼的情况更加复杂。根据历史传说，在公元5世纪至公元7世纪之间，一些群体从不列颠西南部迁移到阿莫里卡半岛定居。很长一段时间里，传统观点认为这些群体只是重新把P凯尔特语引入了这个地区，在此之前，由于罗马已占领此地超过四个世纪，拉丁语已经取代了原来的凯尔特语。然而，最近这些观点受到了挑战。20世纪50年代，弗朗索瓦·法尔克亨（Francois Falc'hun）提出，不列颠移民遇到的是仍然说高卢语的阿莫里卡人，而这种高卢语与布立吞语极为相似。因此，他们并没有将凯尔特语重新引入阿莫里卡，只是加强了在罗马化时期幸存下来的语言。法尔克亨进一步认为，半岛东南部的凡内塔人（Vannetai）使用的布列塔尼方言与该国其他地方的方言不同，因为它是一种更纯粹的高卢语，没有受到不列颠方言的影响，言外之意就是不列颠移民没有在那个地区定居。利昂·弗洛里奥（Léon Fleuriot）在 20 世纪 80 年代的著作中认为，布列塔尼大部分地区所说的方言是当地高卢语不列颠化的结果，但他更倾向于认为凡内塔语是受拉丁语影响的高卢语。

这两个例子很好地提醒了我们，即使是小群体的迁徙也会导致语言变得复杂，而且即使是在处理一门活的语言时，也很难将这种复杂性理清。

对于除了阿莫里卡半岛之外的欧洲其他地区，无论在罗马帝国之后有多少口头凯尔特语幸存下来，可以相当肯定的是，在随后的公元 5 世纪至公元 8 世纪的迁移过程中，最后的一点残存也消失了。现在仅存的是少数的铭文和古典作家所提供的或嵌入在有记录的地名中的名字。这方面的收获非常贫乏。在大陆凯尔特语中，高卢语是最著名的。除了尤利乌斯·恺撒和斯特拉波等古典作家记录的地名和人名，还有相当数量用希腊文或拉丁文写的高卢铭文。这些铭文大部分是陶罐上的涂鸦或献祭铭文。1971 年在沙马利埃（Chamalières）的圣泉发现了一块铅版，引起了极大的轰动。这是当时最长的高卢语文字，用罗马手写体写成，由 336 个字母组成，大部分是人名。1983 年，在阿韦龙（Aveyron）附近的拉扎克（Larzac）发现了一段由 1000 个字母（160 个单词）组成的更长的文本。这段文字也被刻在铅版上，似乎是一个有关魔法的文本，里面提到了一些女魔法师，但部分文本仍然很晦涩。综上所述，高卢语的文字记录并不特别广泛，但我们有充分的证据表明，在公元前 2 世纪和公元前 1 世纪时，高卢语已遍及今天法国的大部分地区。

伊比利亚的情况更为复杂。正如我们所看到的，早期的希腊作家认为，至少西伊比利亚的一些居民是凯尔特人。根据埃拉托色尼（Eratosthenes）的说法，到了公元前 3 世纪，他们的人数变得更多，到公元前2世纪和公元前1世纪，人们经常提到伊比利亚凯尔特人（Celtiberi）。狄奥多罗斯将这个名字解释为两个部落在长期的血腥战争后融合的结果，但这里有猜测的意味。

从各种各样的证据（虽然主要是地名和一些铭文）可以清楚地看出，伊比利亚半岛中部和西部的大部分地区使用凯尔特语。以“briga”结尾的地名尤其说明了这一点，半岛上大部分地方都有这样的地名，除了东部地区和安达卢西亚（Andalucía）之外，这两个地方主要使用伊比利亚语和塔尔泰森语（Tartessan）等非印欧语系语言。在“凯尔特地区”，已经确定存在不同的语言群体，其中凯尔特伊比利亚语和卢西塔尼亚语（Lusitanian）是最确定的两种。围绕这些不同群体的重要性有很多争论。一些学者认为，在伊比利亚半岛的大西洋沿岸使用广泛的卢西塔尼亚语根本不是凯尔特语的一种，但另一些学者认为它是凯尔特语的一种古老形式。在资料如此有限的情况下，无法确定这类问题是否会得到满意的解答。

第三个记载凯尔特语的直接证据出现在意大利北部，人们认为目前在那里所发现的少量铭文可以分为截然不同的两组。在意大利湖泊周围的卢加诺地区发现得最早的那一组被命名为勒庞特语，其中最早的可以追溯到公元前 6 世纪。后来的一组使用的是高卢语，虽然是用勒庞特文字写的，是公元前 400 年前后渗透到该地区的凯尔特人镌刻的。早期的那一组特别有趣，因为它们可以被认为是支持了李维的说法，因为李维认为凯尔特人首次渗透到北方是在公元前 600 年前后。正如我们所看到的，该地区的考古证据（戈拉塞卡文化）表明，在公元前 6 世纪和公元前 5 世纪，阿尔卑斯山脉两边的群体之间已经建立了密切的联系。

考虑到凯尔特语证据的碎片性和差异性，即使是从简单的家谱图层面上试图创造一个宏大的历史综合体也很少获得成功，这一点也不令人惊讶。然而，有几个简单的概括得到了大多数人的认可。首先，高卢语和布立吞语（P 凯尔特语）非常相似，它们可能是在同一时期发展起来的，这两个地区之间是有联系的。戈伊德尔语（Goidelic，爱尔兰、马恩岛和苏格兰西部使用的 Q 凯尔特语）与它们有许多共同的特点，但更加古老。第二点，相对于高卢语和布立吞语，勒庞特语和凯尔特伊比利亚语在结构和形式上更加古老。更有争议的是，如果按照这些语言与“更发达的”高卢－布立吞语的相似性来排列，它们的顺序将是凯尔特伊比利亚语、勒庞特语、戈伊德尔语，凯尔特伊比利亚语最为“古老”。

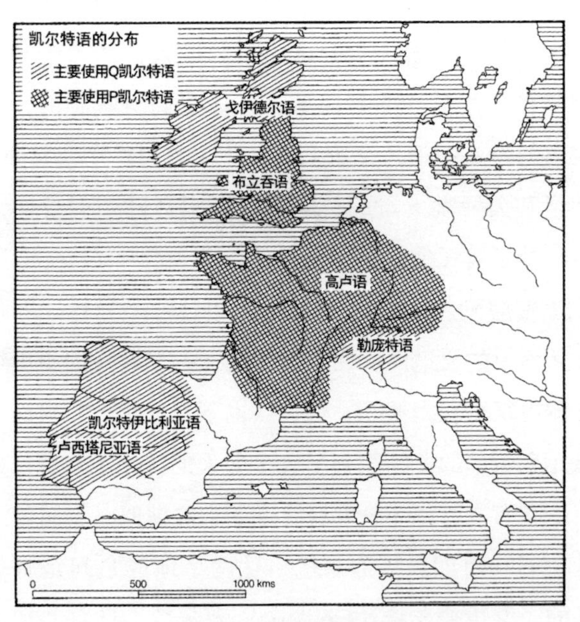


图 8　欧洲曾经使用凯尔特语的地区

当然，假设这种排列是有效的，有很多方法可以解释，但最简单的方法是接受这样一个基本前提，即凯尔特语出现于西欧后来它们被发现的地方，即伊比利亚半岛中部和西部、高卢、不列颠以及爱尔兰。它们之间的广泛相似性，源自大西洋航道与流向大西洋的内陆河流沿线这些地区之间长期存在的联系。正如我们所见，有大量的考古证据表明，这些地区早在公元前 5000 年就形成了一个交易系统网络，这个网络在公元前 1300 年至公元前 800 年的青铜时代晚期达到了巅峰。

经过 4000 年的互动，其中不仅包括货物的流动，还包括知识和信仰的流动，我们有理由相信语言会趋同。也许，正是在青铜时代晚期的密切接触时期，凯尔特语才呈现出我们所知的最早形式（有时被认为是 Q 凯尔特语）。早在公元前 6 世纪，在伊比利亚、爱尔兰和勒庞特地区就发现了这种早期形式的凯尔特语。这一事实表明整个地区都说这种语言，而这种语言毫无疑问有许多不同的方言。

关于这一问题我们就讲到这里了。在第十一章我们还会回到语言的问题，到时候我们会试图把一些不同的证据放在一起。

| 第七章 |

# 讲故事

07

长期以来，在大多数社会中，听故事讲述者讲故事在日常生活中起着至关重要的作用。这些故事提供了一种继承过去的感觉，告诉人们生活中的危险和诱惑，并提供了一套道德标准，让听众接受。同样重要的是这个场合本身——家人和朋友围坐在炉边，一起追寻和反思他们的传统。

直到 20 世纪，在爱尔兰偏远的地方，仍然有讲故事的人实践这门技艺。民俗学家德拉吉（J. H. Delargy）对他遇到的一位故事讲述者做了感人的描述。这位故事讲述者叫肖恩·奥康奈尔（Seán Ó Conaill），是一位 70 岁的农民兼渔民，20 世纪 20 年代，他住在克里郡西利亚莱格村（Cíllrialaig）一所两居室的小屋里。虽然严格意义上他是一个文盲，但是——

> “在我所认识的人中，他是对口头文学掌握最多的人之一，他的头脑像一个宝库，里面有各种各样的传统、简练的逸事、错综复杂的英雄故事、谚语、押韵小诗和谜语，以及300年前爱尔兰地区其他普遍、丰富的口头流传形式。他是一位很自觉的文学艺术家，以讲故事为乐，他的语言清晰有力，很有文学性。”

毫无疑问，这位故事讲述者运用了一种古老的艺术，他的许多故事代代相传，反映了很久以前的行为和风俗。为了保持叙述的准确性，必须逐字逐句地记忆。尤利乌斯·恺撒在讲述德鲁伊时写道：“在他们的训练中，他们牢记了许多诗歌，以至于有些人花了20年的时间来学习。”他显然对这种记忆的壮举印象深刻，这在一个有文字的社会是不常见的。12世纪收录于《莱因斯特之书》（*Book of Leinster*）的爱尔兰传奇《库利牛争夺战记》（*Táin Bó Cuailnge*）附有一份题跋，强调了对记忆准确性的要求。它承诺：“祝福每一个以这种形式忠实地记住这个传奇而不会改变其形式的人。”于是就有了这样一种假设，即所讲述的故事应该保持其完整性和形式，但尽管如此，仍会有增添、更新、括号里的解释和旨在增加效果的文学手法。任何时候讲的故事都将是一个多层的结构，就像一个随着时间的推移地层不断增加的考古遗址。这方面最著名的例子是荷马史诗《奥德赛》和《伊利亚特》。它们成书于公元前8世纪，反映了一个建立在五个多世纪的复述之上的复杂的口头传说的最终状态。

1964年，爱丁堡大学凯尔特学教授肯尼斯·杰克逊（Kenneth Jackson）做了一次剑桥大学瑞德讲座（the Rede Lecture at Cambridge）。他讲座的题目是《最古老的爱尔兰传统：铁器时代的窗口》。该讲座的文稿于同年出版，此后引发了激烈的争论。杰克逊的论点是，在爱尔兰传奇故事《库利牛争夺战记》基本结构中，包括了很多反映公元400年前后前基督教时期爱尔兰英雄社会的内容，从中可以管窥早期凯尔特社会的运作情况。后来的学者对这一论点的细节提出了一些疑问。例如，吉姆·马洛里（Jim Mallory）已经证明，这个传奇描述的大部分物质文化是公元 6 世纪至公元 9 世纪的，与铁器时代毫无关系。另一些人甚至认为，这些保存在中世纪抄本中的故事，如果其早期的口头形式确实曾经存在过的话，也与这些抄本没有任何相似之处。然而，即使我们接受所有的保留意见，这个传奇仍然与波赛东尼奥记载的凯尔特高卢社会有一些呼应之处。据中世纪抄本记载，爱尔兰的乡土文学分为四类：神话传奇、阿尔斯特传奇（Ulster Cycle）、芬尼亚传奇（Fenian Cycle）和历史传奇。我们这里关心的是阿尔斯特传奇，其中包括大约 80 个故事，《库利牛争夺战记》篇幅最长。其他的故事要么是为主要的传奇故事提供背景，要么是扩展一些主要人物活动的独立故事。整个传奇包含在 10 部抄本中，它们的日期各不相同，每一部讲述一部分内容，但有重叠。

主要故事《第一校订本》（*Recension I*）的最早版本由两部抄本组成，分别是写于 11 世纪的《棕牛之书》（*The Book of the Dun Cow*）和大约成书于三个世纪之后的《勒坎黄皮书》（*The Yellow Book of Lecan*）。《第一校订本》被认为源于现已遗失的公元 9 世纪的文本写成，而这些文本本身可能是基于两个世纪前的文本。在 12 世纪晚期的《莱因斯特之书》中还有另一个更完整的故事版本《第二校订本》（*Recension II*）。

在经历了一个时期的讲述和复述之后，也许是在公元 7 世纪，这个传奇最终被基督教的抄工记录下来，并在爱尔兰各地的缮写室被多次转抄。毫无疑问，在这一过程中会发生一些变化，比如物质文化的现代化，一些冒犯基督教情感的元素被删除或至少被淡化。也许正是在这个阶段，博学的修道士引入了荷马史诗中的典故和意象。在经历了 500 年左右的传播后，文字很可能与最初被转录的口头传说有很大的不同，但很多内容都得到了忠实的传播。在《莱因斯特之书》中收入《库利牛争夺战记》的修道院抄工还添加了一个生动的脚注：

> “但是，作为书写这段历史（或者更确切地说是这个故事）的人，我对这段历史或这个故事中的许多事情并不相信。因为其中有些东西是魔鬼的错觉，有些东西

> 是诗意的虚构，有些像真事，有些不像，
> 有些是愚人的消遣。”

《库利牛争夺战记》的故事是从“枕边谈话”开始的。国王埃利尔（King Ailill）和王后梅德卜（Queen Medb）躺在克鲁阿坎（Cruachan）要塞的床上，谈论着各自为这桩婚姻所贡献的财富。他们互相攀比，一一比对各自的物品，直到国王埃利尔搬出了他的大公牛，白角牛费恩宾纳赫（Finnbennach）。王后梅德卜没有什么东西可以拿出来与其媲美，“她情绪低落，好像身无分文”。为了不被打败，她四处打听，后来听说在阿尔斯特省有一头棕色的库利牛，于是就出发去捕捉。就这样，一场库利牛争夺大战开始了。

接下来的故事讲述了来自康诺特（Connacht）和爱尔兰其他地区的入侵者与阿尔斯特人之间的冲突。阿尔斯特的统治者是国王康肖巴尔（Conchobhar），他的皇宫位于艾明马恰（Emain Macha）。双方都派出了最好的武士贵族。在康肖巴尔的军队中，我们看到了像费尔古斯·麦克·罗

奇（Ferghus mac Roich）和康纳尔·塞纳奇（Conall Cernach）这样经验丰富的战士，像主角库丘林（Cú Chulainn）这样勇往直前的年轻人、足智多谋的森查·麦克·艾莱拉（Sencha mac Ailella），以及为了自己的利益而制造紧张和冲突的毒舌布里克里乌（Bricriu）。德鲁伊卡萨达（Cathbhadh）也在其中扮演了重要的角色。

随着故事接近尾声，库丘林在一场战斗中杀死了菲尔迪亚（Ferdia）。后者其实是他的养兄弟，这一事实让他们之间的斗争特别令人扼腕叹息，不久之后，库丘林因伤口无法愈合而死。在最后一个场景中，角逐再次上演。棕色的库利牛被成功带回康诺特，它杀死了白角牛费恩宾纳赫，但残酷的角逐也让它精疲力竭，倒地而亡。从此以后，阿尔斯特和康诺特城达成和平协议，“在此后的七年里，在爱尔兰，他们的人没有一个被杀”。

**库丘林**

库丘林是阿尔斯特传奇中反复出现的人物。这些故事大多与统治爱尔兰北部阿尔斯特的乌拉德（Ulaidh）有关，当时阿尔斯特从西部的多尼哥（Donegal）一直延伸到东部的安特里姆（Antrim）、唐郡（Down）和劳斯（Louth）。其都城在艾明马恰，国王康肖巴尔的统治就是从这里开始的。苏尔泰姆（Sualtam）之子库丘林是阿尔斯特人的英雄之一，他被描绘成半神，受神拉格（Lug）的特殊保护，一些文本称拉格是他的父亲。库丘林是英雄的象征，他英俊、勇敢而无私，有高度的荣誉感。他富有幽默感和忍耐力，但一旦被激怒，就会变得很可怕。他在战车上战斗，砍下敌人的头颅，并热衷一对一决斗，所有这些都是波赛东尼奥笔下的凯尔特英雄的特征。在《库利牛争夺战记》中，他最著名的身份就是在和梅德卜王后领导下的康诺特人的战争中，作为阿尔斯特的守护者。此时，阿尔斯特人受到了诅咒，所有的精力都被耗尽，只有库丘林和他的父亲没有受到咒语的影响。库丘林几乎是单枪匹马击退了敌人的进攻。在现存的当地文学中，库丘林这个人物被改写和夸大了。

库丘林是真有其人，还是仅为一个虚构人物，我们不得而知。正如人们所预料的那样，在今天的一些阿尔斯特派别中，库丘林已经具有一种崇拜的意义。

对于这样一部复杂而精致的作品，可以从许多不同的层面进行阅读。就像有人认为的那样，这是一种早已被人遗忘的公牛崇拜的反映吗？这是一个帮助听众加深对神的理解的寓言吗？神被认为是一种对立事物的平衡（如男和女、天和地）。如果这种平衡被打破，混乱就会被释放出来。对于这样的问题，唯一的答案是或许如此。

在另一个层面，还有这些行动背后非常详细的社会背景。它们发生在一个由年轻领主组成的武士贵族阶层中，这些人受严格的行为规范约束。在战斗中，荣誉和英勇是最重要的。个人威望被小心翼翼地守护着，一旦受到冒犯人们就会采取行动。宴会是一种强化人际关系的制度，“英雄的份额”（hero’s portion）仪式一方面可以展示热情好客，另一方面可以彰显地位，仪式会分发象征个体等级地位的肉块，这有时会引发竞争。在战争中，个体领主是经常参与一对一决斗的中心人物。战车在战争中发挥着重要作用，敌人的头颅被当作战利品。社会关系也同样被精心规定。女性可以很强大，并可以担任战争领导人。夫妻的财产是共同的，而精英阶层收养孩子是常态，这为维持某种程度的社会和谐提供了一种可靠的方式——因为这个社会的人们容易动怒。

阿尔斯特传奇故事中的这种社会制度，与波赛东尼奥在公元前 1 世纪初所描述的高卢社会，有着惊人的相似之处，与 50 年后恺撒的描述也有一定的相似性。这种相似性如此之大，让人很难不认为它们都起源于同一传统。

也许最引人注目的是“英雄的份额”仪式。波赛东尼奥记录如下：

“在以前，当后腿被端上来时，最勇敢的英雄就会拿到最好的大腿肉，如果另一个人也来认领，他们就会站出来进行一对一决斗，至死方休。集会上的其他人可以分到金银或一定数量的酒。他们在接受了礼物并将其分发给亲友之后，就会仰面躺在盾牌上，站在旁边的另一个人用剑割开他们的喉咙。”

在这段简略的叙述中，波赛东尼奥似乎把别人告诉他的两个关于高卢凯尔特人过去行为方式的故事合并在了一起，这两个故事一个讲的是“英雄的份额”，另一个讲的是“武士的交易”。“英雄的份额”是阿尔斯特传奇中两个故事的主题，一个是《麦克·达托的猪的故事》（*Story of Mac Dathó's Pig*），另一个是《布里克里的宴会》（*The Feast of Bricriu*）。在第一个故事中，主要的情节发生在一场宴会上，康诺特人的武士凯特·麦克·马加奇（Cet mac Mágach）为了突出自己的勇猛，对在场的阿尔斯特人表示轻蔑并大肆辱骂，还赢得了分割猪肉的权利。就在这时，阿尔斯特的英雄康纳尔·塞纳奇进来了。于是两人开始争夺这项权利，最终凯特承认康纳尔更强大，但是补充说："如果安鲁安在的话，他会和你一决高下的。他不在这里，这对我们来说太糟糕了。""他在这里。"康纳尔一边如此回应，一边从腰带上取下一颗人头，扔向凯特。然后，康纳尔把注意力转移到分割猪肉上。他自己留下了猪身上最好的部分，把前腿给了康诺特人，以此侮辱他们。在随后的混战中，地上堆满了尸体，第二天早上血还在从门槛里流出。

《布里克里的宴会》也是围绕"英雄的份额"这一主题展开的。第二个主题"武士的交易"出现在库丘林的故事中。库丘林及其对手被邀请砍掉巨人的脑袋，但他们也必须允许自己的脑袋被砍掉。随着故事的发展，库丘林躺在那里，等着自己的最后时刻，就像波赛东尼奥以一种令人难以置信的方式所讲述的高卢人那样。

给波赛东尼奥讲述这个故事的人可能只是转述了他本人听到的一个民间传说，而不是他亲眼所见。无论如何，高卢人和爱尔兰人传说的相似之处强烈地表明它们有共同的来源，无论是口头传说还是观察到的行为。

在《库利牛争夺战记》中，战车扮演着重要的角色。从文本中可以清楚地看到，这种战车是两轮的，由一个轻型木制框架组成。轮子可能是轮辐式的，有铁制轮毂。马车由两匹套着轭的马拉着，由一个熟练的车夫驾驭，把武士带到战场上。这种战车是尤利乌斯·恺撒在不列颠作战时所看到的。车夫的高超技艺和战车的机动性给恺撒留下了很深的印象，因为这让不列颠的军队能够将“骑兵的灵活性和步兵的持久性”相结合。波赛东尼奥早在两代人以前就记录了高卢类似的战车，在不列颠和高卢都有大量的考古证据为古典文本提供有力的支持，包括战车装备和马具，有些地方甚至发现了完整的战车。但令人惊讶的是，在爱尔兰却不是这样，那里几乎完全没有关于战车的考古证据。虽然我们应该记住一句古老的考古格言：没有证据并不等于证明没有，但是必须允许这种可能性的存在，也就是使用战车从来就不是爱尔兰铁器时代社会的特征。

那么我们该怎样理解呢？阿尔斯特传奇具有无与伦比的价值，其核心肯定起源于铁器时代的环境，这是确定无疑的。但这发生在爱尔兰吗？有没有这样一种可能，即爱尔兰的人名和地名被嫁接到了古代整个欧洲范围内的一个民间故事之上，而这个故事发生在中欧西部拉腾文化区的某一个地方，反映的是公元前 5 世纪至公元前 2 世纪之间英雄时代的情况。这种体现了英雄理想的感人故事肯定会激发人们的想象，并迅速地传播开来，甚至被那些信奉拉腾信仰体系的最遥远的群体所接受。无论怎么解释，这一充满爱尔兰色彩的传统得以保存下来，简直就是一个奇迹。

第八章

# 共享价值观

08

每一个群体都生活在一种文化中，而文化就是一套表达他们身份的共同价值观。文化是复杂的，但本质上它反映了社会群体的信仰和价值观，并且通常体现了对过去的某种认识和对未来的某种渴望。人类学家或社会学家可以通过与研究对象直接交流来研究文化。历史学家通过文字的过滤获得的信息很有限，而研究更遥远过去的考古学家不得不主要依靠现存的遗迹，有时还得加上一些通过当代作品的残句流传下来的扭曲的逸事。50 年前，史前文化的定义似乎相对简单：那个时期的作品有着丰富的文化名称，如米歇尔斯堡（Michelsberg）文化、钟形杯文化和瓮棺文化，但是现在考古学家们更加谨慎了，他们意识到这样的定义虽然作为广义的考古学概念通常是有用的，可是当试图通过这些概念来理解过去的群体是如何定义他们自己的身份时，可能会有点不切实际。

有“凯尔特文化”这种东西吗？答案肯定是否定的。为了解决这个争论，我们以三个群体为例——他们被认为在公元前6世纪就使用一种早期的凯尔特语，分别生活在伊比利亚半岛的中心、勒庞特地区和爱尔兰。这三个地区的物质文化中几乎没有什么东西能够表明它们之间有足以表明文化统一性的共同价值观。事实上，这些完全不同的民族甚至可能无法理解彼此所说的话。他们的认同感也许是基于他们的世系群体和更大的社会结构，为了方便起见，我们称之为部落。一些部落可能会为了忠诚和联盟而走到一起，并可能会为其命名，但无论在任何意义上，他们都不会认为自己是“凯尔特民族”的一部分。

正如我们所见，在公元前5世纪，情况开始发生变化。以马恩河和摩泽尔河地区为中心的拉腾文化的出现，以及随之而来的向南部和东部迁移的人口，使得一整套思想在欧洲广泛传播。公元前4世纪至公元前2世纪，人口的不断流动和通过现有贸易网络进行的活动鼓励并加强了思想的交流。因此，从爱尔兰到黑海的中欧大部分地区都可以找到拉腾文化的元素。因此，我们也能理解为何一些作家接受这样的假设，即考古学上定义的拉腾文化和古典作家所描绘的凯尔特文化是同义的。正是由于这个原因，在拉腾文化中流行的艺术风格一般被称为“凯尔特艺术”。这种为了方便进行简单的概括而使用的简单的命名法，可能会导致毫无根据的假设。我们必须试着打破这些先入之见。

“拉腾文化”包含了一套相当连贯的信仰和价值观的组合，这是对它的一种有效概括。它包含了一系列的丧葬传统，包括土葬和火葬。在土葬中，死者被埋葬在一个单独的坟墓里，通常有各种个人装备作为陪葬，并且坟墓被安排在墓地里。对于那些被认为是男性的死者，陪葬品通常是武器，包括剑、长矛和盾牌，而对于那些妇女死者，陪葬品可能是臂环、别针和胸针。应该强调的是，这些概括有许多例外，而且存在着广泛的区域差异，但令人惊讶的是，相当多的相似之处确实存在于大片区域。远至马恩河、波河流域和特兰西瓦尼亚，这些地区被认为有属于一般传统的相同墓葬，相同的墓葬暗示着这些不同群体有着相似的价值观和信仰。

关于装饰风格的运用（凯尔特艺术），也是大致相同的故事。考古证据表明，在公元前5世纪，拉腾工匠的手艺在为马恩河和摩泽尔河地区的精英服务的过程中发展起来，并在此后迅速传播开来。公元前4世纪，定居在波河流域的部落与留在阿尔卑斯山以北地区的部落之间的持续联系，使得受到伊特鲁里亚文化启发的新思想渗透进来，并融入快速发展和日益独特的拉腾工艺之中。

凯尔特艺术远不只是纯粹地为了艺术而艺术的装饰。对那些能够解读它们的人来说，图案的选择和排列具有丰富的含义，它们很有可能代表着身份和地位，并给予所有者一定程度的神圣保护。例如，野猪就具有广泛而明显的象征意义，它出现在从罗马尼亚到伦敦郊区一带发现的头盔上，出现在来自威瑟姆河（Witham）和法国南部的盾牌上，还出现在来自瑞士的刀剑上。人们很容易把野猪看作是一种用来抵御危险或给持有者增加力量的护身符。

图 9　法国北部发现的拉腾文化的两组马缰环，上面融合了人的面部

人头也经常和其他各种图案一起出现。这方面一个极好的例子是作为马具一部分的一对缰绳环圈，发现于法国北部，现藏于巴黎的国家古文物博物馆（Musée National des Antiquités）。一旦眼睛知道要寻找什么，这些头颅就会从华丽的卷轴背景中跳出来。伟大的艺术史学家保罗·雅各布斯塔尔（Paul Jacobstahl）开玩笑地把这称为“柴郡猫风格”，有时在树上你可以看到整只猫，有时只看到猫的笑容。如果目不转睛地盯着从威瑟姆河中挖掘出的盾牌，你会突然看到天真无邪的马头两侧长着翅膀而不是耳朵。如果你盯着从旺兹沃思（Wandsworth）

泰晤士河打捞出来的盾牌上的浮雕，你会突然发现卷须状图案变成了两只可怕的小鸟。在很大程度上，这是一种梦幻的艺术，在这种艺术中，事物并不完全像它们应有的样子，形状会发生变化。在当地的文学作品中，这种形态转换是一个反复出现的特征。

还有另一个方面值得考虑。独特的图案赋予了承载着它们的物件一种身份，而有了身份，就可以积累一段历史。因此，一个与众不同的头盔、盾牌或在其装饰鞘之内的剑很可能会广为人知，广受讨论，甚至广受崇敬。如果一件武器在著名的战斗中被用来杀死地位高的敌人，那么它一定会获得某种力量的光环。这种力量十分伟大，以至于只有神灵才能配得上它，于是最终被献祭给他们。一些这样的信仰系统，也许可以解释为什么在河流和沼泽中发现了如此多的珍贵盔甲。

如果凯尔特艺术反映了复杂的信仰体系，那么可以认为，在某种程度上，带有凯尔特艺术特征的物品的分布区域一定代表了这些信仰体系被理解和实践的区域。但现实更为复杂。凯尔特艺术品可以在礼物交换的循环中传递，直到脱离原先被赋予的语境含义。在波兰发现的一个青铜碗或者在西班牙中部发现的一个装饰剑鞘，可能只是意味着一个有价值的物品通过交换从一个世界跑到了另一个世界。另外，如果区域性的工艺技能生产出了相同或相似的产品，包含了相同的主题或相近的本土释义，那么我们就有理由相信，至少价值体系的某些东西已经被转移了。

图 10　公元前 2 世纪一块盾牌的中间凸起部分，打捞自旺兹沃思的泰晤士河。其图案融入了两只张开翅膀的小鸟的形象

正如我们所看到的那样，早期拉腾文化的中心在马恩河和摩泽尔河地区，最初的民众迁徙就是从这里开始的，也可能是从波希米亚兴起的。一项对波河流域凯尔特人葬礼的研究表明，不同的部落仍然保留着他们故土的丧葬传统。赛诺曼人和塞诺尼人带来了马恩河地区的传统，而波伊人（Boii）的丧葬风俗与波希米亚有许多共同之处。在这里，考古证据足以表明，移民人口带走了他们的许多文化传统。此外，一项关于早期凯尔特艺术的研究表明，移民中的工匠吸收了来自希腊－伊特鲁里亚文化的思想，并将其传播到北方，进而为阿尔卑斯山以北的艺术注入活力。

继续往东，在摩拉维亚、外多瑙地区、提萨河流域和特兰西瓦尼亚，经典的拉腾风格的墓地分布广泛。剑随处可见，一群活跃的工匠为装饰剑鞘提供了各种原创设计。虽然这些设计在主流拉腾文化发展的传统之内，但它们却独具特色，因此被艺术史家称为匈牙利剑风格。核心区域和东部地区的其他人工制品之间也有很多相似性，例如，在陶器行业，人们偏爱用带有精美图案的精致轮制陶罐。虽然这些人工制品大多带有明显的地方风格，但令人印象深刻的是，马恩河和特兰西瓦尼亚的器物风格极其相似，相距 1500 公里的群体竟然表现出同样的文化偏好。

将这些例子罗列出来是令人乏味的，但综合来看，考古证据强有力地表明，整套的拉腾文化在欧洲中部的广大地区被接受。这在多大程度上是大规模民族迁徙的结果，还很难说。早期拉腾核心地区的人口流动是可以确定的，但由于多瑙河流域的人口已经很密集，从人数上来看，移民者可能只是少数。如果是这样的话，就意味着外来文化成为主导文化，这就更值得注意了。一些地名也表明，这里使用的语言可能是凯尔特语。因此，尽管罗马尼亚中部一个村庄的人群可能与摩泽尔河流域的人群有着非常不同的基因构成，但他们拥有相似的物质文化和价值观。

公元前 278 年越过博斯普鲁斯海峡（Bosphorus）和达达尼尔海峡，到小亚细亚定居和劫掠的移民却不是这样。虽然如我们所见，他们保留了加拉太人的名字，但他们似乎很快就抛弃了拉腾物质文化的所有痕迹，转而接受了他们所处地区的文化。他们是否也放弃了传统的信仰体系，很难从现存的证据中得出结论。

在早期拉腾核心区的西部，在法国西部、不列颠和爱尔兰，拉腾文化的各个方面被不同程度地吸收。例如，阿莫里卡（现代布列塔尼），被后来的古典作家认为是凯尔特的一部分，在这里，早期拉腾凯尔特艺术的主题被欣然接受，并被用来装饰陶器。来自菲尼斯泰尔（Finistère）的圣波德雷昂（Saint-Pol-de-Léon）的陶瓮为这种互动提供了一个引人注目的例子。它的表面雕刻着一幅复杂的图案，由流动的棕叶饰和蔓藤花纹构成。这些图案与东部地区发现的有装饰的金属制品有着惊人的相似之处，后者如来自瓦兹河畔奥维尔（Auvers-sur-Oise）的装饰盘，以及由一位拉腾工匠精心雕刻的伊特鲁里亚酒壶（现藏于法国东部贝桑松的博物馆里）。毫无疑问，这位阿莫里卡的陶工完全了解马恩河地区及周边的装饰风格，并希望将其融入自己的艺术作品中。传播媒介很可能是装饰过的青铜器和其他的贵重金属物品，通过广泛的交换网络，很可能是沿着卢瓦尔河河谷，这些在中央作坊里制作出来的物品被传到西方，用来交换锡和其他原材料。其中一件物品是一个装饰精美的头盔，是在菲尼斯泰尔的西南部被发现的。一些阿莫里卡人的陶罐与青铜碗极为相似，但其原型在该地区尚未被发现。

图 11　在菲尼斯泰尔（布列塔尼）的圣波德雷昂发现的陶瓮，其历史可以追溯到公元前 4 世纪，其图案依据的是金匠所使用的图案

作为这个交流网络的一部分，金属工人的装饰艺术很快传到了不列颠西南部、威尔士和爱尔兰。一个来自威尔士塞里吉德鲁迪昂（Cerrigy Drudion）的青铜碗被装饰成与贝桑松酒壶非常相似的风格，虽然这项技术是不列颠当地的。阿莫里卡的陶器所模仿的那种小青铜碗，在不列颠西南部和爱尔兰皆为人们所知。

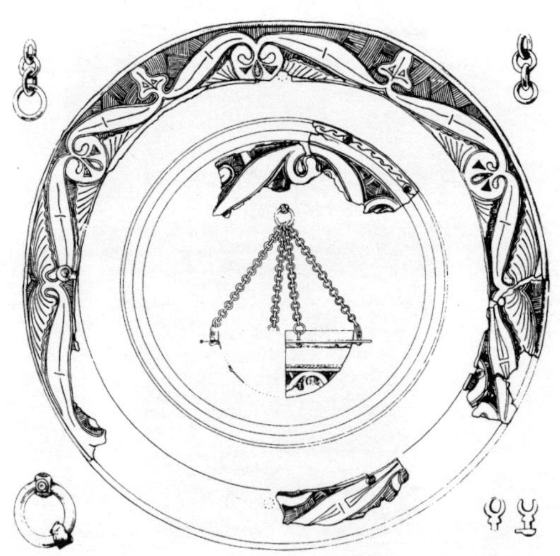

图 12　来自威尔士塞里吉德鲁迪昂的青铜碗。它被认为是来自不列颠岛，但是其装饰和来自布列塔尼的陶瓮非常相似

除了大西洋航道外，其他航线也把拉腾艺术的知识带到了不列颠。公元前 4 世纪至公元前 3 世纪，当地的工匠们按拉腾风格制作剑和鞘。不久之后，在不列颠东部的某个地方，一群才华横溢的金属工人正在生产非常具有原创性的盾牌和在苏格兰的托尔（Torrs）发现的那种著名的、有凸纹装饰的头盔。直到大约公元前 2 世纪，最优秀的拉腾式金属制品才开始在爱尔兰生产。此后，爱尔兰铁匠制作了一系列物品，风格一看就是拉腾式的，但其形式和装饰上的改变则属于典型的爱尔兰风格。

不列颠和爱尔兰的拉腾风格金属制品必须以本土文化的发展为背景来看待。除了在公元前 5 世纪时东约克郡遭到一次小规模的入侵外，根本没有证据表明有移民人口涌入。当地文化继续以不间断的方式发展，历史悠久的遗址仍然被沿用，而当地风格的圆形房屋无处不在。话虽如此，有明确的证据表明，不列颠和爱尔兰（在较低的程度上）仍然是一个通过海上航线连接到欧洲大陆的交换网络的一部分。通过这些网络系统，拉腾文化的特征被传递到这些岛屿上，主要是以礼物的形式，其中许多在精英之间易手。除了武器和宴会用具等制品外，还有经过训练的马匹及其配套的马具，妇女和她们的个人装饰和服饰，甚至能工巧匠可能也在礼物之列。就这样，不列颠的大部分地区选择采用这些外在的、可见的拉腾文化标志作为它们自己的标志，并逐渐接受了这些标志所代表的意义和价值体系。

不列颠和爱尔兰的群体对拉腾文化的各个方面都是有选择性地接受，但是考虑到这些岛屿上生产的精美的金属制品，毫无疑问，它们已经成为拉腾文化区不可分割的一部分。

| 第九章 |

# 高卢人和罗马人

09

尤利乌斯·恺撒在其《高卢战记》的开篇写道："高卢作为一个整体，由三个部分组成：第一部分是比利其人居住的地方；第二部分是阿基坦人居住的地方；第三部分是我们所说的高卢人居住的地方，尽管在他们自己的语言中自称凯尔特人。在语言、风俗和法律方面，这三个民族是截然不同的。"对于公元前 1 世纪中叶高卢的民族结构，这似乎是一个有用的概括。恺撒接着对这些区域进行了地理上的精确划分：凯尔特部落的领土，南以加隆河为界，北以塞纳河和马恩河为界，西部以大西洋为界，东北部以莱茵河为界，再往南以罗讷河为界。

与公元前 3 世纪和公元前 2 世纪的拉腾文化的分布相比，恺撒笔下的凯尔特人占据的领土更加有限，但这在某种程度上可以用公元前 2 世纪最后几十年开始的政治和种族变化来解释。

在南方，是罗马人带来了这种变化。公元前2世纪，对活跃在伊比利亚半岛上的军队和商人来说，从意大利出发，沿着地中海北岸的航线是一条至关重要的交通要道。它经过了希腊城邦控制的友好领土，如马萨利亚，但很容易受到来自北部山区部落的攻击。这些攻击逐渐变得十分频繁，以至于在公元前124年和公元前123年，罗马军队被派去征服利古里亚人（Ligurian）、撒鲁维伊人（Salluvii）和沃康蒂人（Vocontii）。在公元前122年和公元前121年，沿着罗讷河河谷居住的阿洛勃罗奇人（Allobroge）和阿维尔尼人被征服。在罗马的控制下，新征服的领土连同希腊沿海城市被重组为山北高卢行省。像维也纳和日内瓦这样的当地人聚居地被占领。在纳尔博古老的山城附近，公民殖民地纳尔博·马秀斯（Narbo Martius）被建立，目的是控制经由奥德（Aude）和卡尔卡松（Carcassonne）向西到达加隆河和吉伦特的路线。不久之后，罗马在托洛沙（Tolosa，即图卢兹）建立了一支驻防部队，将势力延伸到加隆河。到恺撒参与高卢事务的时候，南方的罗马化进程已经有60年的历史了，山外高卢行省像楔子一样嵌入凯尔特部落的领地之中。

北方也在发生着巨大的变化，尽管细节更加模糊。简而言之，通常被古典作家称为“日耳曼人”的北欧地区的部落，似乎正在向南推进，进入以前拉腾文化已经延伸到的地区。其中一个最明显的例子，就是一个日耳曼部落马科曼尼人在波伊（Boii）凯尔特人的故乡波希米亚定居下来。再往西，日耳曼部落越过莱茵河，开始在那里建立新的部落家园。这场向南方的大迁移发生在公元前第二个世纪的最后几十年，这是罗马人所熟知的，他们一直害怕从北部来的蛮族人会威胁到意大利。大约在公元前60年，一个日耳曼部落苏维汇人（Suebi）在阿里奥维斯图斯（Ariovistus）的领导下越过了莱茵河上游，试图利用高卢东北部两个凯尔特部落塞夸尼人（Sequani）和埃杜维人之间的竞争，坐收渔翁之利。与此同时，生活在瑞士的赫尔维蒂人（Helvetii）决定集体迁移到大西洋沿岸，这让他们的故土向日耳曼人定居者敞开了大门。正是这些事件为恺撒提供了借口，带领他的军团进入高卢。他说，如果罗马人不占领高卢，日耳曼人就会捷足先登。

根据恺撒的说法，塞纳河－马恩河和莱茵河之间的地区由比利其人所占领，他们与凯尔特人不同。他们是高卢所有居民中最强悍的，因为他们远离地中海世界那些令人颓废的奢侈品，距离日耳曼人最近，并且经常和日耳曼人交战。然而，在文化上，根据恺撒的定义，比利其人领土的南部属于拉腾文化区，很难与邻近的凯尔特人文化区区分开来。也许最简单的解释是，塞纳河和莱茵河之间的地区共享着一种介于凯尔特拉腾文化和日耳曼人文化之间的文化，这种文化因为部落运动而不断发生变化。简而言之，这可以被视为一片“凯尔特领土”正在经历逐步的日耳曼化。无论如何，恺撒在公元前 1 世纪中期亲自观察到这种情况，觉得有必要在文化和语言上将比利其人与凯尔特人区分开来。

恺撒所遇到的高卢各部落也是一个处于过渡状态的民族。在超过三代的时间里，其中南部和东部的部落一直与罗马世界保持着密切的联系，他们中的一些人，比如埃杜维人，已经把自己直接置于罗马人的保护之下。一些部落正处于剧烈的社会变革的阵痛中，以前武士贵族的地位是由一个人能吸引多少追随者来衡量的，而现在一种更加稳定的政府形式逐渐取代前者，包括每年选举一次的地方官员。有些部落（如埃杜维人）已经做到了这一点，并建立了严格的制度来限制地方官员的权力，禁止他们在任职期间离开部落所在地，禁止他们连任，并限制他们的家人申请公职。任何试图回归旧体制的人，如果“觊觎国王之位”，都将面临死刑。其中一个不幸的人是赫尔维蒂人奥赫托里克斯（Orgetorix），他是这个部落移民计划的策动者。由于被指控企图夺取政权，他把家人和奴仆都召集起来，组成了一支庞大且具有威胁性的队伍，才逃脱被烧死的命运。但后来，在地方官员们召集了一支军队来维护法治之后，奥赫托里克斯却死了，人们认为他是自杀身亡。这一事件表明新的政府形式实际上是多么不稳定。

与罗马世界的长期直接联系，为罗马的商业巨贾提供了很多机会，使他们能够与边境以外的部落建立有利可图的贸易网络。西塞罗对此非常清楚，他写道："整个高卢到处都是商人，到处都是罗马公民。"从意大利北部大量出口到高卢的商品之一是葡萄酒。狄奥多罗斯·西库鲁斯引用波赛东尼奥的话，津津有味地描述了高卢人对葡萄酒的热爱。他注意到他们常常喝得酩酊大醉，并接着说：

> "因此，许多意大利商人带着他们一贯的对金钱的渴望，把凯尔特人对葡萄酒的热情视为财富的源泉。他们在可航行的河流上用船运输葡萄酒，在开阔的田野里用马车运输葡萄酒。他们把酒卖出了令人难以置信的好价钱：一罐葡萄酒可以换一个奴隶。想一想，用一个仆人来换一罐酒！"

在所有主要的部落中心很可能都有意大利商人的飞地。至少在卡尔努特人的主要城镇塞纳布姆（Cenabum）情况是如此。公元前52年，凯尔特地区的土著部落奋起反抗罗马人在高卢的统治。恺撒告诉我们，起初"他们杀死了所有在那里做商人的罗马公民，并掠夺了他们的财产”。其中一位是骑士等级的罗马人，他负责向罗马军队运送粮食。

征服初期的事态发展表明，恺撒认为凯尔特高卢实际上已经被征服了，也就是说，由于同贪婪而有进取心的商人接触了大约60年，这里已经被罗马化了。在战争的第一年，恺撒已经处理了赫尔维蒂移民和日耳曼领导人阿里奥维斯图斯的扩张意图所带来的直接问题。公元前57年，他把注意力转向征服比利其人。在雷米人领土的比巴克斯（Bibax）击败了比利其人的军队后，他迅速向北对更偏远的比利其人部落进军，其中包括内尔维人（Nervii）和阿杜阿图西人（Aduatuci）。对比利其人的战斗由恺撒亲自指挥。与此同时，他的将军克拉苏奉命接受塞纳河河口和卢瓦尔河河口之间（这个地区后来被称为阿莫里卡）的大西洋沿岸凯尔特部落的投降。在此之后，军团在卢瓦尔河畔扎营过冬。

下一季的战役很有可能被策划成一场精彩的表演，军队将横渡英吉利海峡，让不列颠的国王臣服，并横渡莱茵河。这些行动如果成功，罗马民众将被他们的胆识所震惊。事实上，由维内蒂人领导的叛乱在阿莫里卡部落之间爆发，上述方案不得不做出改变。驻扎在卢瓦尔河畔冬季营地的军队被告知要建造船只，当春季战役来临的时候，恺撒加入了他的军队。恺撒派布鲁图斯率领船队去攻击维内蒂人，这些维内蒂人是出了名的好水手，而他本人则通过陆路向这个部落发起进攻。陆上战役没有取得决定性的胜利，但最终在基伯龙湾（Quiberon Bay）爆发的伟大海战中，罗马人获胜，维内蒂人投降。恺撒以令人不寒而栗的简练语言结束了他对事件的描述："我决定对他们进行特别严厉的惩罚，这样以后高卢人就会更加尊重使节的权利。我杀了他们之中的年长者，将其余的人卖为奴隶。"在阿莫里卡的其他地方，也就是现在的下诺曼底，恺撒的将军萨宾努斯（Sabinus）似乎很轻松地取得了胜利，至少这是恺撒的描述带给我们的感觉。

随着阿莫里卡叛乱的结束，恺撒现在有时间在夏末对沿海的比利其人部落发动一场战役，为他被推迟的精彩表演做准备。

第二年，也就是公元前 55 年，他第一次横渡莱茵河，对日耳曼人的领土进行了短暂的突袭。然后在夏末，可能比他本来计划的要晚些，他横渡英吉利海峡，对肯特部落进行了一次危险的突袭。次年，他回到英吉利海峡沿岸，为第二次入侵不列颠做了充分的准备。这一次他取得了更大的成功，把强大的埃塞克斯和赫特福德郡的统治者都征服了。但当他在秋天回到高卢时，他发现自己在比利其面临着严重的危机。许多部落揭竿而起，反抗罗马人，并在一位有魅力的战争领袖的鼓舞下，开始占上风。在一连串的进击和阻击战中，一支庞大的罗马军队及其两名指挥官被包围歼灭。恺撒采取果断行动，扭转局势。

第二年，也就是公元前53年，他决定彻底解决比利其人的问题。这是一场残酷的战役，大量的当地人口被屠杀或被卖为奴隶，恺撒以一种有意为之的焦土政策，使这里的乡村饱受战火和刀剑的蹂躏。“就这样，摧毁了这个国家之后，我撤走了军队。”

在这一年的早些时候，恺撒经历了来自两个凯尔特部落的奇怪挑衅行为，他们分别是塞诺尼人和卡尔努特人，占据着塞纳河和卢瓦尔河之间的土地。在他于高卢南征北战的五年里，这个地区，甚至整个凯尔特高卢中部一直风平浪静，但是在公元前 53 年春，当恺撒召集高卢人召开会议时，塞诺尼人和卡尔努特人以及比利其人部落的特雷维里人（Treveri）拒绝参加。他认为这是“走向叛乱的第一步”。罗马军事实力的展示很快使他们就范，但威胁仍然存在，在战争季节结束时，恺撒对这一事件进行了调查。阴谋的煽动者被处决，其他许多人逃跑了。这成为点燃整个凯尔特高卢人反抗的火花。

塞诺尼人和卡尔努特人为什么要反抗恺撒，我们不得而知。来自高卢各地的德鲁伊，传统上是在卡尔努特人的领地上举行年度集会的，这或许并非巧合。德鲁伊在社会中拥有相当大的权力，是唯一真正具有凝聚力的一个群体，因此罗马当局对他们又怕又恨。也许是他们号召高卢人起来反对恺撒——我们永远不会知道事实是否如此，但这种猜测并非毫无道理。

公元前 52 年，当恺撒回到高卢与他的军队会合时，他发现整个国家的中心都陷入了武装叛乱。在从塞纳河到加隆河的巨大弧线上，卡尔努特人、比图里吉人和阿维尔尼人这三个强大的凯尔特部落是反叛的主力，但其他的部落很快也加入进来，甚至包括传统上坚定支持罗马的埃杜维人。更令人担忧的是，叛乱分子在维钦托利（Vercingetorix）的领导下团结起来。对恺撒来说，这是一个严峻的时刻——他的整个高卢大业面临灾难。

结果，凭借卓越的领导能力、武力和偶尔的运气，经过一场漫长而残酷的战争，恺撒的军队成功地镇压了这场叛乱。这场战争的高潮是著名的阿莱西亚（Alesia）之围。阿莱西亚是一个山顶定居点，维钦托利本人和大量叛军被罗马军队包围于此。罗马人和来自高卢各地的庞大救援部队之间的激战，使这场战役达到了高潮。如果恺撒的说法是可信的，那么这支救援大军有大约 8000 名骑兵和 24 万名步兵，几乎每一个凯尔特和比利其高卢的部落都参加了这次战役。罗马再次靠军纪获胜。在援军被摧毁之后，维钦托利和阿莱西亚的其他叛军的投降只是时间问题。尽管恺撒宣称“整个高卢现在已被征服”，但他又花了一个战季来对付仍然存在的许多小范围抵抗。

**维钦托利（卒于公元前46年）**

在恺撒的高卢战争接近尾声时，高卢各个部落奋起反抗罗马。公元前52年，作为阿维尔尼人贵族的一员，维钦托利成为战争领袖。维钦托利是凯尔提鲁斯（Celtillus）的儿子，恺撒告诉我们，凯尔提鲁斯“曾经是整个高卢最强大的人，因为想成为国王而被他的部落同胞杀死”。维钦托利自荐为战争领袖，似乎是在追随他的父亲，渴望成为国王。一开始，他受到族人的限制，并被驱逐出格尔戈维亚城（Gergovia），但是，他没有被吓倒，而是建立了一支由持不同政见者组成的队伍，并很快夺回了他的阿维尔尼部落。其他部落也纷纷加入他的队伍。他的战术是吸引罗马人交战。在整个战争季节，主要的战役都在诺维奥杜努姆（Noviodunum）、阿瓦里库姆（Avaricum）和格尔戈维亚进行。在格尔戈维亚，维钦托利差点打败罗马人，但最终恺撒取得了一场代价高昂的胜利。最终，在战场上被击败后，维钦托利和他的部队撤退到阿莱西亚山，在那里他们很快被罗马人包围。维钦托利本来寄希望于一支庞大的高卢救援部队的到来，但当这支部队到来时，却在阿莱西亚附近被罗马人击败了。绝望之下，阿莱西亚的守护者投降了。维钦托利被掳到罗马，在那里，他在监狱里受了六年煎熬，直到公元前46年在恺撒的凯旋仪式上被勒死。

八年来，恺撒和他的军队一直在高卢南征北战，每年屠杀、奴役成千上万的人。在比利其北部地区的许多战役中，整个地区都被付之一炬。根据同时代人的估计，有100万高卢人被杀害，另有100万人被卖为奴隶。虽然首当其冲的是比利其人的部落，但整个凯尔特高卢都受到了创伤。每个群体都伤痕累累，怨恨和相互指责持续了好几代人。

| 第十章 |

# 不列颠人和罗马人

10

在有作品幸存下来的古典作家中，没有一个曾经把不列颠或爱尔兰的居民称为凯尔特人的，这是一个众所周知的，而且经常被重复的事实。当然，有人可能会说，单凭这一点还不足以说明他们在某种程度上不是凯尔特人。但事实是，古典作家认为这些岛屿上的居民在许多方面与高卢的凯尔特人不同。

塔西佗在公元 1 世纪晚期的著作中巧妙地回避了这个问题："不列颠最早的居民是谁？是本地人还是移民？这都是未知的。一定要记住，我们所面对的是蛮族人。"在这里，我想我们可以把这个问题放一放，继续讨论其他问题，但仍有一些线索值得进一步探讨。

尤利乌斯·恺撒与不列颠的东南部有过直接的

接触，他提出了许多有趣的见解。他说：“那里的人口非常多，有许多农场与高卢人的农场非常相似。”他还说：“最文明的不列颠人是那些生活在肯特的人，那里完全是一个滨海地区，他们的生活方式很像高卢人。”在其他地方，当提到德鲁伊的时候，他提供了一个有趣的题外话，即一般认为德鲁伊的教义形成于不列颠，后来传入高卢，“即使在今天，那些想更详细地研究这一教义的人通常还是去不列颠学习”。因此，在恺撒看来，虽然不列颠人和高卢人是不同的民族，但他们的信仰、价值观和生活方式非常相似。塔西佗也提出了同样的观点，他甚至认为“不列颠人是迁移到岛上的高卢人的后裔”。他继续为这一假设提供证据支撑，指出：“在这两个国家，你会发现同样的仪式、同样的宗教信仰，语言上也没有太大的差别。”接着，他又表露出对凯尔特人的刻板印象：“在挑战危险时有同样的勇气，在逃避危险时也有同样的怯懦。但不列颠人表现得更有精神，他们还没有因为长期的和平而变得柔弱。”

恺撒更明确地提出了高卢人移居不列颠的观点，

他将“不列颠内陆”与“沿海地区”进行了对比，在前一个地区，人们自称当地人，后一个地区则是来自贝尔基卡（Belgica）的移民团体的定居地。他说，这些人仍然保留着他们起源部落的名字。确实，有一些来自部落名称和考古学的证据表明，在公元前1世纪的最初几十年里，来自北高卢的人可能已经搬到了索伦特（Solent）地区及其腹地。

古典世界对恺撒来到肯特之前的不列颠和爱尔兰的看法更加难以捉摸，但是在早期的文章中有一些值得梳理的线索。公元4世纪，一位北非的罗马人阿维诺斯（Avienus）写了一首自命不凡的诗，名为《海岸》（*Ora Maritima*）。在这首诗中，他把自己从各种早期文献中搜集到的东西拼接在一起，对从马萨利亚到不列颠群岛的海岸进行了富有想象力的描述。他使用的一份资料，可能来自公元前6世纪，但更可能来自公元前4世纪，描述了从阿莫里卡向北的旅程：“乘船到圣岛（这是古人的叫法）要花两天的时间。这个岛面积很大，位于波涛之间。海厄尼人（Hierni）居住于此。阿尔比恩人（Albione）的岛屿就在附近。”这是一篇混乱而难以理解的文章，其中有一些误解，但除此之外，人们普遍认为，这份匿名的消息来源告诉我们，在早期，爱尔兰被称为“Hieriyo”，不列颠被称为“Albion”。由于这两个词似乎是凯尔特语的早期形式，我们可以认为它们是当地居民使用的名称。

这一信息很有可能来自希腊探险家皮西亚斯（Pytheas），他在公元前 320 年前后对欧洲的大西洋海岸进行了非凡的探索，然后写了《论海洋》（*On the Ocean*）一书。皮西亚斯似乎环绕了不列颠群岛，这是他众多成就中的一个。他在这本书中详细记录了这片土地及其人民，为后来描写不列颠的作家，包括尤利乌斯·恺撒和老普林尼，提供了一个资料来源。

老普林尼在写作“不列颠岛”（Britannia Island）这个词条时告诉我们，“这里所有的岛屿被统称为不列颠群岛，阿尔比恩是专属于这个岛屿的名称”。接着他列举了其他所有的岛屿，包括曼岛、安格尔西岛、怀特岛、奥克尼群岛等等。这意味着这些岛屿被统称为不列颠群岛，而其中最大的那一个在古典世界被其居民称为阿尔比恩。

现存最早使用不列颠名字的文献之一是由希腊地理学家狄奥多罗斯·西库鲁斯撰写的，人们普遍认为他大量借鉴了皮西亚斯的思想。狄奥多罗斯实际使用的名字是“Pretannia”，在最初的文献中可能是“Prettanike”。这意味着这里的居民被称为“普里塔尼”（Pretani 或 Priteni）。这个名字转变为“皮克特人”（Picts）而被流传下来，罗马人用它来描述不列颠北部边界以外的居民。威尔士语中表示不列颠的“Prydain”一词也源于此。这个词通常被认为是“文身者”或“彩绘者”的意思，这引发了一些有趣的问题：这听起来不像是一个民族用来指称自己的族名（ethnonym），而更像是人们用来描述外国人的概括性描述。如果是这样的话，那么这个表达可能是皮西亚斯从阿莫里卡的凯尔特人那里学来的，他们就是这样向皮西亚斯描述他们住在英吉利海峡对岸、用蓝色染料涂绘身体的邻居。此后，阿尔比恩的居民就被称为“普里塔尼”。到了公元前 1 世纪，“Pretani”中的“P”变成了“B”，高卢的凯尔特人给这个岛上的人们起的绰号，开始被古典作家用作这个岛屿的名字，即不列颠尼亚。

在整个史前时期，不列颠和爱尔兰都被卷入连接大西洋共同体的错综复杂的交换网络之中，有大量的考古证据可以证明这一点。首选的路线和停靠港会随着时间的变化而变化，交通量也会有所波动，但总体而言，从菲尼斯泰尔到莱茵河河口，与不列颠隔岸相对的社会，很可能与不列颠邻近海岸的社会有相当频繁的接触。

早在公元前 4 世纪末，皮西亚斯似乎就参加了一次这样的航行，从一个不知名的阿莫里卡港口到德文岛或康沃尔南部海岸某个地方的伊克蒂斯港（Ictis），在那里，不列颠人把锡拿来进行交易。后来，在公元前 1 世纪早期，有令人信服的考古证据表明，在阿莫里卡北部海岸，可能是圣布里厄湾到俯瞰基督城海港的亨吉斯特伯里岬角（Hengistbury Head）之间，有一条活跃的贸易轴线。很有可能，在每年的交易季节，一小群阿莫里卡商人确实会占据这个海岬。在恺撒时代，阿莫里卡和不列颠之间的联系仍然很紧密。在描写维内蒂人（Veneti）的文章中，恺撒记述了他们拥有大量的船只和高超的航海技术，说他们经常往返不列颠。

在英吉利海峡，高卢的比利其人和不列颠东南部的群体之间似乎早已建立了联系。高卢－比利其硬币可能早在公元前2世纪中期就开始进入不列颠了。这些高价值的黄金铸币可能被用作交换的礼物，这种交换以友谊和义务的纽带，把这两个地区的精英联系在一起。恺撒饶有趣味地提到了比利其的统治者、苏瓦松人（Suessione）的国王狄维契阿库斯（Diviciacus），他“在世人的记忆中”，不仅控制了比利其高卢的大部分地区，还控制了不列颠。这似乎是在暗示狄维契阿库斯是一个被高卢和不列颠的其他统治者认可的霸主。在这样的社会背景下，可以想见的是，黄金会被用作回馈他人效忠或服务的礼物。恺撒向不列颠东南部的快速推进，打破了海峡两岸长期的互动，但随着罗马统治下的高卢进入和平时期，这种互动得以恢复并变得日益频繁。此后，罗马商人很可能在东南部的主要中心定居下来。

公元43年，克劳狄皇帝发起对不列颠的最终征服，这可以被视为这些进程不可避免的结果。克劳狄征服的过程很大程度上取决于他遭遇的不同部落所处的状态。东南部有两个大的联盟，一个以泰晤士河以北的卡图维劳尼（Catuvellauni）为中心，另一个以泰晤士河南部的阿特雷巴特（Atrebates）为中心。这些都是罗马化最彻底的地区。这些地区之外，从多塞特沿海到亨伯河河口，以弧形紧挨着的是一些不那么发达的部落，其中包括杜罗特里吉人（Durotrige）、多布尼人（Dobunni）和考立尔道维人（Corieltauvi）。这些部落铸造自己的货币，并建立了权力和贸易中心。在西部和北部，社会经济制度更简单，定居方式也更分散。罗马人对这些一清二楚，并为他们最初的入侵战略提供了逻辑依据：将文明的核心纳入帝国，对外围的部落，则建立军事疆界将其包围，使其固守在外围，与未开发的地区对峙，同时可以从那里得到金属、奴隶和其他令人向往的商品。在文明的核心，为了更容易地进行权力转移，两个对罗马友好的本地统治者被委任为终身的附属国国王，在索伦特地区是托基杜布努斯（Togidubnus），在东昂格利亚是普拉苏塔古斯（Prasutagus）。

后来这个大战略不得不被放弃。罗马军队很快向西进入威尔士，向北最终深入苏格兰。到公元2世纪初，罗马人沿着泰恩–索威（Tyne–Solway）建立了一条边界。在接下来的一个世纪左右的时间里，这条边界被不时推进到克莱德–福斯（Clyde–Forth）一线。后来苏格兰和整个爱尔兰的大部分地区完全在边境之外，尽管这些地区通过贸易、辅助服务和掠夺与不列颠行省相连。

恺撒和塔西佗的著作中所描绘的不列颠的形象，与他们从早期历史著作中所了解到的凯尔特人的形象十分一致。恺撒对不列颠战车的印象尤其深刻。在一次交战中，他的对手卡西维拉努斯（Cassivellaunus）指挥了4000辆战车，用来对罗马人进行毁灭性的打击。在恺撒对战车部队战术的生动描述中，其兴奋之情几乎是显而易见的：

> “首先，他们的战车从四面八方赶来，把长矛投向敌人。一般来说，仅仅凭借奔腾的战马和隆隆的车轮声，他们就能成功地使对手的队伍因为恐惧而陷入混

> 乱。他们穿过自己的骑兵队，然后从战车上跳下来，步行作战。与此同时，车夫们从战斗位置往后撤退了一点，这样一来，如果寡不敌众，他们可以很容易地退到自己的队伍中去。”

在评价了车夫的技巧和敏捷之后，他补充道：“我及时赶来营救了我们的人马，他们对这些奇怪的战术感到惊慌失措。”这种说法以及恺撒对战车作战的长篇描述，表明他在高卢没有遇到过这种战术，而早在一个世纪或更早以前，这种战术在不列颠就有据可查。因此，在不列颠，这种古老的战斗方式仍然存在。

**布狄卡（卒于公元 61 年）**

公元 43 年罗马人入侵不列颠时，布狄卡是艾西尼人（一个占据东昂格利亚大部分地区的部落）国王普拉苏塔古斯的妻子。普拉苏塔古斯和不列颠中南部的雷格尼人（Regni）的国王托基杜布努斯被允许在有生之年作为罗马的附庸保留他们的王国，在他们死后这些王国则将被并入新的不列颠行省。为了规避这一结局，普拉苏塔古斯在遗嘱中将他的王国传给了罗马皇帝和他自己的女儿们。这是当权者所不能接受的，据说在一次对抗中，他的妻子布狄卡被殴打，他的女儿们被强奸。这引发了一场叛乱，布狄卡成为战争领袖。她很好地选择了时机，当时总督森托尼乌斯·波利努斯（Sentonius Paulinus）正在威尔士西北部作战。不列颠东南部的大部分地区也加入了这场叛乱（但托基杜布努斯似乎没有参与）。卡姆洛杜努姆（Camulodunum，即科尔切斯特）、维鲁拉米恩（Verulamium，即圣奥尔本斯）和伦敦遭到叛军袭击，这些城市的建筑被烧毁，人口被屠杀。在这次袭击中，布狄卡被指控对她的敌人犯下了暴行。最终罗马军队与叛军展开了正面交锋。布狄卡仍然以原来的方式战斗——战车在前，妇女在后面的辎重车上观望。但最终罗马人大获全胜，布狄卡服毒自杀。

图 13　公元前 48 年铸造的罗马银币反面所描绘的凯尔特战车

在公元 60 年布狄卡反抗罗马人的战争中，以及公元 83 年的格兰扁山（Mons Graupius）战役中，战车都再次露面。在后一场战役中，罗马将军阿古利可拉在苏格兰北部粉碎了喀里多尼亚（Caledonian）联盟的抵抗。在那场战争之后，塔西佗生动地描写了战败的不列颠人无法控制的激烈情绪，他们时而表现出极大的勇气，时而表现出彻底的绝望。在这里，关于凯尔特人的古老刻板印象再次被用来渲染戏剧化的文学效果。

罗马人对不列颠的控制持续了 350 多年，但这里的罗马化是不完整的，主要局限于岛屿的东南部，城镇和庄园主要集中在这个区域。这个区域之外是康沃尔、威尔士的大片地区和约克以北的大部分地区，当然还有爱尔兰。正是在这些地区，传统的生活方式，许多古老的法律、口头传说和凯尔特语得以保留。

| 第十一章 |

# 插曲：迄今为止的故事

11

现在是进行盘点的好时机，考察一下已经被摆出来的各种证据，看看是否可以从中总结出一个独特的凯尔特实体，以及这一整个被珍视的概念是否只是一种幻想。

首先概括一下，相关的证据有四大类：古典史料、考古证据、语言和地方传统。每一类证据在质量和数量上都不同，而且都有属于自己的指导学术争论的基本规则。

公元前500年以后的古典史料给人留下了这样的印象：除了有斯基泰人的地方之外，凯尔特人遍布欧洲的蛮族世界。对凯尔特语的研究主要集中在西欧，带有明显的大西洋偏见，至少在某种程度上，这是因为只有在最西方，这些语言才流传至今。同样，地方文学也仅限于西方、爱尔兰和威尔士，并且威尔士的程度要低一些。另一方面，考古证据则涵盖了人类社会生活和劳动的方方面面。在史前时期，这一切基本上是无个性特征的，但是，通过可识别的重复模式，它在很多层面上都对之后的研究者具有启发意义。从我们的观点来看，最有价值的是社会的信仰和价值体系，以及他们通过交换机制而相互联系的程度。

每一个证据来源都可以为辩论贡献一些内容，但必须防止循环论证，创造一种貌似合理的组合，例如，“既然语言学家如此告诉我们，考古证据就可以这样解释；既然考古学家如此解释他们的证据，我们的语言学假设肯定是正确的”。

我们也有必要意识到我们带有偏见的心态。在18世纪和19世纪殖民猖獗的日子里，古典世界的研究主导了教育系统，人们通常认为入侵和殖民是改变的唯一诱因，且这种改变通常被定义为进步。拉格兰勋爵（Lord Raglan）可以毫不犹豫地说：“当地人不会发明任何东西。”

在后殖民、后古典时代，钟摆摆向了另一个极端。考古学家倾向于淡化（甚至完全拒绝）曾经有过入侵的观点，他们的认识基于缺乏考古证据的事实之上。这也是一种极端的观点。如果完全依靠考古证据，就不可能发现凯尔特人对德尔斐的袭击，也不可能发现他们在小亚细亚的定居。我们必须尽可能地严格控制我们的偏见和先入之见。我认为，我们可以从一开始就摆脱两个自以为是的古老神话。第一个神话是“凯尔特人的到来”，就像“凯尔特人最早什么时候来到不列颠的？”这个问题所表达的那样。我们手头的所有证据都表明，这种观点过于简单化。第二个神话是存在一个泛凯尔特的欧洲，这意味着一种在当时从欧洲的一端到另一端都被认可的凯尔特人同胞情谊。这是政客和畅销书作者的糖衣炮弹。那么，我们还能说些什么呢？有关证据在前几章中已经概述过了，我们可以通过总结的方式提供一个广泛的设想。

凯尔特语的发展可能是最棘手的问题，因为前罗马时期的资料极度缺乏，但大多数语言学家认为，到公元前9世纪，从伊比利亚到爱尔兰，再到意大利，西欧大部分地区都在使用凯尔特语的早期版本。一种独特的凯尔特语言究竟可以追溯到多久以前，其答案只能靠纯粹的猜测，而且将永远如此，但一些学者满足于追溯到公元前 5000 年的新石器时代。这并没有什么内在的不合理。事实上，伴随定居农业发展而来的思想和信仰的流动，将为一种语言的出现提供合适的背景，而这种语言将使不同的群体之间得以交流。

此后，就像考古证据生动表明的那样，西欧社会在许多方面共享他们不断发展的文化。大西洋海上航道构成了一条交通要道，就像莱茵河和瓜达尔基维尔河这些从欧洲大陆深处注入大西洋的河流那样。在接下来的 4000 年左右，这些互动网络为语言的发展和融合提供了理想的条件。到青铜时代晚期（公元前 1300 — 公元前 800 年）整个区域被交换网络紧密地联系在一起，分享着信仰和技术知识。这就是最早的凯尔特语发展的环境。

在包括不列颠、爱尔兰和伊比利亚在内的西欧大部分地区，青铜时代晚期出现了一个与众不同的以武士为基础的社会。虽然各地区之间有很大的差异，但许多价值观念是一致的。在考古记录中，武士的装备随处可见，如剑、矛、盾，有时还有盔甲。宴会上的物品也是如此，如大锅和烤肉叉子。这一时期，人们开始建设一些山堡。这一时期的考古发现充分提供了能够证明一个尚武的贵族阶层存在的证据，他们沉湎于好客这种核心品质，以保持群体凝聚力，培养外部关系。这与荷马作品中所描绘的那种社会并无二致。

在公元前 8 世纪和公元前 7 世纪，同样的价值观和信仰仍然存在，但可以发现两个强化和创新的区域：一个是欧洲中西部，这里的武士和贵族使用马和车辆作为葬礼仪式的核心，这就是考古学术语中的哈尔斯塔特 C；另一个是伊比利亚半岛东北部，这里出现了独特的伊比利亚凯尔特文化。这两个创新中心都位于大西洋地区的边缘，因此也许最好把大西洋和地中海之间的区域看作是交界地带，这里容易出现早熟的发展。

所有这一切都是希腊人所窥见的蛮族世界的直接前奏。他们看到的是万花筒般的不同文化，这些文化有着大致相同的语言和一套制约人们行为的价值观。因此，这些地中海观察者认为，他们是一个民族，并给他们起了一个名字——凯尔特人。因为他们接触过的一个群体用这个名字来表明自己的身份，这并不是没有道理的。因为公元前6世纪时希腊人与北方蛮族最密切的接触点是南高卢，在他们的马萨利亚殖民地腹地，他们可能为这个地区的人们创造了后来被使用的族名。500年后，恺撒告诉我们，这个地区被自称凯尔特人的部落所占领。就这样，凯尔特人作为外围蛮族的概念首次进入历史。

公元前6世纪晚期出现了一种新的动态，这种动态依赖于地中海世界和蛮族外围的相互作用。哈尔斯塔特的酋邦和较小范围的伊比利亚凯尔特人的酋邦被卷入了这些交换中。实际上，这加剧了原材料从资源丰富的大西洋地区向消耗资源的地中海地区的流动。在中欧西部，这一切的结果是出现了一个新的精英地区，即早期的拉腾酋邦，它们繁荣于公元前5世纪至公元前4世纪，复兴了尚武社会的精神。这很可能就是口头传说出现的背景，因为传说中包括袭击、战车战、英勇的单兵作战和宴会的内容。这一传说以一个地方化的、被大量扩充的版本，奇迹般地在爱尔兰地方文学中幸存下来，成为阿尔斯特传奇。

与这些传奇故事一样，信仰体系的其他方面也在很大范围内被共享。例如，拉腾艺术在公元前 4 世纪迅速被阿莫里卡和不列颠采用和改编，在一两个世纪后又被爱尔兰采用和改编。但是，如果认为整套拉腾文化组合只来自核心地带，那就错了。沿着互动的网络，思想会向四面八方流动。恺撒说德鲁伊信仰是在不列颠出现的，就可以提醒我们这一点（尽管我们永远无法证实其正确性）。

可能正是在这一中欧西部和不列颠的大部分地区密集互动的时期，这些地区的当地语言发展成为 P 凯尔特语。爱尔兰位于这种最初的影响范围之外（可能从公元前 6 世纪至公元前 2 世纪），因此保留了它更古老的语言形式。伊比利亚半岛讲凯尔特语的群体也是如此，他们不再与西欧和中欧共享发展，随着腓尼基人和希腊人对地中海沿岸地区的控制越来越强，他们更直接地转向了地中海文化。

这些群体从早期拉腾地区的核心，也可能是从高卢东部（那些自称凯尔特人的民族的领土），迁移到了波河流域，沿着多瑙河上游进入其中部流域和更远的地方。正是这些凯尔特移民，透过地中海居民扭曲的视角，使我们有了对凯尔特社会最常见的认识。但是，从本质上讲，迁徙的民族可能会把他们的文化塑造成一种经过修改和选择的形象。

在公元前 2 世纪和公元前 1 世纪，这种动态又发生了变化，因为讲凯尔特语的民族受到了来自其边界附近不同文化的民族日益增加的压力。从地中海开始，罗马的影响无情地蔓延到了伊比利亚半岛和高卢。日耳曼人从北方涌入，而东方的达契亚军队进入多瑙河中部地区，摧毁了定居在那里的凯尔特群体。最终，在公元 1 世纪末，其中一种外来文化——罗马文化横扫欧洲，进入爱尔兰海和苏格兰高地，与日耳曼人和达契亚人沿着多瑙河轴线相遇。

四个世纪的罗马统治带来了一套包括拉丁语在内的全新的文化价值观，同时帝国内部人口的流动也促进了不同民族之间基因的混合，特别是在边境地区和城市。随着商人和行政人员的迁入，以及退役的外国军队驻扎下来，新招募的辅助部队会出去打仗或巡逻遥远的边境。因此，当地人口的基因组合变得更加多样化，其凯尔特血统被稀释。即便如此，在公元三四世纪时，拥有凯尔特名字的人仍然会往巴斯的圣泉里扔一些用凯尔特语写的符咒。在波尔多周围的乡村，仍然可以听到人们讲凯尔特语。可以相信的是，农村人口至少在某种程度上保留了他们的母语。直到公元四五世纪晚期，大规模的日耳曼移民把旧秩序的最后一丝痕迹扫除殆尽。但在西部偏远地区——阿莫里卡、康沃尔、威尔士、不列颠北部和爱尔兰——凯尔特语和凯尔特人的一些文化属性得以保留。

这种对西欧史前史的概括强调了贯穿其始终的强烈的文化持久性，但它也表明，如果我们试图把它全部归结为简单的（甚至天真的）种族认同问题，那么其将是多么复杂。也许我们是在试图把现代的种族建构强加于一个没有什么意义的时间和地点。公元前3世纪的高卢人可能知道他们的血统和部落，甚至可能知道与他们结盟的部落，但仅此而已。如果需要定义的话，我们可以选择极简主义的观点，说古凯尔特人就是恺撒所说的那些自称凯尔特人的人，即那些生活在塞纳河－马恩河和加隆河之间的部落，也可以更加宽泛地把那些使用被我们称为凯尔特语的大西洋欧洲语言的人，视为凯尔特人。因为语言中蕴含着共同的价值观和信仰，而且往往是一种文化标志符号，如果我们觉得有必要给它下个定义的话，最好是接受更具包容性的观点。

| 第十二章 |

# 连续的线索：凯尔特人的黄昏

12

公元 5 世纪，随着蛮族从边疆涌入罗马各省，欧洲陷入混乱，帝国的基础设施遭到破坏，有些地方甚至被完全摧毁。在高卢，法兰克人（Franks）和勃艮第人（Burgundians）从现在的德国西北部迁移到北部定居，而西哥特人（Visigoths）则占领了西南部。让形势更加混乱的是，阿兰人（Alans）、汪达尔人（Vandals）和苏维汇人的分遣队在前往伊比利亚和北非的途中横扫了整个国家。更可怕的是匈人（Huns）的部落渗透到了高卢东北部，直到被那些已经牢牢站稳脚跟的部落赶走。来自低地国家沿海和日德兰半岛的不同群体（通常被称为盎格鲁 – 撒克逊人）的船只在不列颠东南部登陆，他们迅速通过威塞克斯进入中部地区。一些同样的族群来到了英吉利海峡一侧的高卢领地，最终在现在的下诺曼底建立了他们的定居点。

确切的人数很难估计，过去可能被高估了，但其最大的影响是抹杀了新定居地区罗马化的影响，取而代之的是一种完全不同的文化。在这些天崩地裂的巨变中，最后的凯尔特人残迹从人们的视线中消失了。这并不是说当地的人口被消灭或赶走了，而只是说幸存下来的那些人很快就融入了外来文化。

在日耳曼人定居的地区外，在阿莫里卡、不列颠西南部、威尔士、不列颠北部和爱尔兰，当地的凯尔特人文化基本上没有受到影响。然而，这些地区并非没有受到干扰，因为似乎就连面向大西洋的偏远社会也发现自己陷入了席卷欧洲的大迁徙之中。

早在公元4世纪中叶（有可能更早），劫掠者就活跃在爱尔兰海，他们似乎是被当时仍是罗马不列颠省的沿海地区的财物所吸引。在公元4世纪60年代，苏格兰人和阿塔科特人（Attacotti）与来自北方边境以外的皮克特人一起，活跃于不列颠省北部，并四处劫掠。斯科蒂人此时占据着爱尔兰的东北部，而阿塔科特人可能来自西部群岛，更有可能也来自爱尔兰。我们对当时的事件知之甚少，但一些劫掠者，包括苏格兰人和阿塔科特人，后来出现在罗马军队名单中，在欧洲大陆服役。而在750年前，凯尔特人也曾加入为希腊僭主服务的雇佣军。

不列颠的爱尔兰劫掠者的规模尚不清楚，但在公元5世纪初的一次劫掠中被抓获的圣帕特里克（St Patrick）写道，当时成千上万的不列颠人被俘虏或杀害。奈尔（Niall）是爱尔兰国王之一，有一首诗记载，他曾七次领导劫掠不列颠沿海。有史料称他的母亲就是不列颠人，是前期劫掠的受害者。

除了劫掠之外，还有定居。爱尔兰传奇《驱逐迪斯》（*The Expulsion of the Déisi*）描述了从米斯（Meath）郡穿越爱尔兰的部落迁移。一些人在明斯特和莱因斯特定居下来，而其他人则继续穿越爱尔兰海，到威尔士西南部的德维得（Dyfed）寻找土地。这些移民一旦定居下来，就与留在爱尔兰的亲属保持着密切的联系。这个定居点涵盖了威尔士西南部的大部分地区，其分布情况可以从刻有欧甘（Ogam）文字的石头上看出来。大约在这个时候，另一群爱尔兰定居者在威尔士西北部的利恩（Lleyn）半岛定居下来。他们的起源不是很清楚，但他们很可能是斯科蒂人。根据一份威尔士的传说记录，在这个地区的爱尔兰定居者是被沃坦蒂尼（Votandini）部落从旧罗马边境的北部赶出来的。

**圣帕特里克（公元5世纪）**

圣帕特里克的生卒日期很不确定。爱尔兰编年史记载他于公元432年到达爱尔兰，但对他的死亡年份有不同的说法，有人说是公元461年，也有人说是公元493年。一个学者巧妙地解释了这个问题，他指出可能有两个帕特里克，但更有可能的是，他的死亡日期之一（可能是更晚的那个）是错误的。在帕特里克晚年所写的《忏悔录》（*Confessio*）中，叙述了他的人生的主要经历。他年轻时在罗马不列颠的文明地区生活，但在一次劫掠中被爱尔兰人俘虏并带到爱尔兰偏远地区，沦为奴隶，放牧牛羊长达六年。一天，他听到一个天使的声音，天使告诉他，他的船已经准备好了。这鼓励他走了320公里到海岸，在那里他发现了一艘正要开往高卢的出口猎狗的船。他们在三天后到达了高卢，却发现这里已经毁于野蛮人的掠夺，最后帕特里克设法回到不列颠与家人团聚。然而，上帝的声音鼓励他回到爱尔兰，而这一次是作为传教士。尽管这里已经建立了基督教的飞地，帕特里克还是选择了到信仰异教的地方和偏远的地方去传教，在吸引皈依者和建立基督教基础设施方面，他显然非常成功。他所采用的体系是基于有行政区域（就像罗马的自治市一样）的罗马体系，由主教进行管理，但它与爱尔兰普遍存在的社会体系不太相符，很快就被修道主义所取代。

公元5世纪时，爱尔兰的东北部居住着被称为苏格兰人的民族。根据《圣哥伦巴传》（*Life of St Columba*）的记录，他们中的150人，从安特里姆的达尔里阿达（Dál Riata）出发，横渡狭窄的北海峡，于公元5世纪末或公元6世纪初的某个时候在阿盖尔（Argyll）定居下来，从而建立了达尔里阿达王国，在未来的一段时间里，这个强大的国家将统治英吉利海峡两岸的领土。爱尔兰人在苏格兰（以后就可以这么称呼这个地方了）的定居点面积很大，这从爱尔兰地名的分布就可以看出，这些地名从阿盖尔和布特一直延伸到加洛韦半岛。苏格兰西部的大部分地区和岛屿可能在这个时候就有人居住了，马恩岛也是如此。

长期以来，语言学家一直认为，公元 5 世纪的这些迁徙导致了爱尔兰语、凯尔特语的传入，而凯尔特语对苏格兰盖尔语和曼岛语的形成起了重要作用。虽然事实可能是这样，但我们应该记住，这些地区在地理上彼此相近，并被大海连接在一起。考古证据清楚地表明，从新石器时代，这些地区之间就有广泛的接触和文化共享。在这种情况下，我们不妨认为这些地区的语言在公元后第一个千年中期之前就已经发展出高度的相似性。

大约在公元 540 年，一位名叫吉尔达斯（Gildas）的不列颠修士写了一本书，名叫《不列颠的毁灭》（*De Excidio*），哀诉不列颠人的悲惨命运。他们从盎格鲁 – 撒克逊移民那里逃离，这些移民已经占领了不列颠东南部的大部分地区，还在继续向西推进。在一段特别生动的文字中，他描述了绝望的不列颠人如何登上船只，“奔向海外的陆地”，他们唱着赞美诗，“你使我们当作快要被吃的羊，把我们分散在列邦中”。一般认为，他们是从德文郡和康沃尔郡的南部海岸出发，前往阿莫里卡半岛的。早在公元480年，阿莫里卡的居民就被称为布列塔尼人（*Britanni*）。到了6世纪中期，这个半岛被称为布列塔尼亚（Britannia）——当然，“布列塔尼”一词就是由此而来。在这个时候，拜占庭历史学家普罗柯比（Procopius）已然知晓，由于人口过剩，来自不列颠的部落仍然不断地离开他们原来的家园，来到布列塔尼。

关于人们什么时候开始逃离不列颠，以及是什么导致了移民，一直存在很多争论。一种观点认为，这些迁徙可能早在公元3世纪晚期就开始了，是爱尔兰人袭击不列颠沿海的直接结果。在整个公元4世纪，这种袭击可能时断时续。到了公元5世纪，爱尔兰人开始在康沃尔定居。塞文河河口是爱尔兰劫掠者的必经之路，这一点已经得到了考古学的支持，但没有直接证据表明，在公元 6 世纪之前康沃尔就有爱尔兰人了。话虽这么说，在动荡不安的公元 4 世纪，一小部分的不列颠人没有理由不向阿莫里卡航行，而这是公元五六世纪更大规模迁徙的前兆。

这些移民似乎在半岛的北部和西部定居下来，布列塔尼语的地名，如以“Plou-”“Tré-”和“Lan-”开头的地名，都集中在这一带。这些地区被称为多姆诺内（Domnonée）和科尔努阿伊（Cornouaille），大概是采用了这些移民原先不列颠部落领地的名字。正如我们所看到的，关于这次迁移对布列塔尼语形成的影响有很多争论。这里需要说明的是，长期以来认为布列塔尼语是从移民的语言中发展出来的观点已经过时，取而代之的是这样一种认识：在整个罗马时期，凯尔特语一直在阿莫里卡幸存下来，后来这些定居者的到来只是为其注入了新的活力，毕竟他们的语言本来就很相似。

有足够的证据表明，在公元 5 世纪和公元 6 世纪，在日耳曼移民定居的地区之外，大西洋地区讲凯尔特语的民族处于一种相当不稳定的状态。他们在历史悠久的海上航线上往来频繁。在大约两个世纪的时间里，这导致了相当数量的人口迁移。这就形成了一个独特的大西洋社会，把他们凝聚在一起的是这样一种认识：他们共同的语言和传统使他们有别于外来的、主要集中在他们东部边界的盎格鲁－撒克逊人和法兰克人。这些讲凯尔特语的民族从此开始守望相助。

在罗马帝国时期，大西洋航路虽然仍然很活跃，但对商人来说，它的重要性似乎不如通往高卢北部的更方便的跨海峡航线，但是随着罗马帝国的中央集权在西方消亡，大西洋航线重新焕发了生机。在地中海沉船中发现的陶器可以很好地证明这一点，其中包括曾经装有来自小亚细亚、埃及和北非的香油和葡萄酒的双耳细颈陶罐，来自小亚细亚和北非的精美餐具，它们散布在布列塔尼、康沃尔、威尔士、爱尔兰和苏格兰的大西洋沿岸。这些陶器反映了公元五六世纪贸易网络的活跃，但是对于这个贸易网络是如何组织起来的，我们只能猜测，这些货物很可能是由地中海的船只运往大西洋的伊比利亚港，然后从那里转移到当地的船只，向北航行。货物有可能被不止一次地转运，最后经过高卢商人之手到达不列颠。

公元6世纪中叶以后，地中海产品的供应似乎已经枯竭，但整个公元7世纪，大西洋的贸易路线仍然畅通无阻，此时的货物中包括一件独特的灰色陶器，产于西高卢、卢瓦尔河河谷或更南边的吉伦特地区。大多数器皿都是广口瓶，里面可能装着某种美味，但也有一些酒壶，这表明货物中可能也有来自波尔多地区的葡萄酒。就像早期来自地中海的陶罐一样，这些公元7世纪的西高卢陶器主要分布在大西洋的凯尔特人生活区域，特别是爱尔兰海及其附近。

有一些历史文献进一步为考古分布图增添了色彩。圣哥伦巴生活在公元6世纪下半叶的爱奥那（Iona）岛，他的传记中提到了来自“高卢人的省份”的高卢海员，他们乘坐的是一艘巴卡（barca），可能是一种非本地船只。他们带来了一年的葡萄酒和其他外国美食来丰富修士们的生活。我们了解到，大约一个世纪后，一位高卢主教在不列颠西部的某个地方遭遇了海难，他最后的目的地是爱奥那岛。

毫无疑问，到达不列颠西部的外国船只与当地人进行贸易，带回当地的产品，而不列颠的船长们则会反过来进行同样的航行。公元5世纪早期，圣帕特里克乘坐的爱尔兰船是从事猎狗交易的，而这些猎狗可能是在爱尔兰繁殖的。公元7世纪时，我们听说爱尔兰商人来到卢瓦尔河河口以南努瓦尔穆捷岛上的修道院，来销售他们的鞋子和衣服。

从仅存的几个文本中搜集到的这些只言片语，以及被丢弃的陶器碎片的分布，都具有不可估量的价值，它们表明了在罗马政权崩溃后的三个世纪里大西洋航线是多么重要。正是这种贯穿沿海水域的纽带，把讲凯尔特语的沿海群体联系在了一起，而欧洲其他地区走的是一条截然不同的道路。

这不仅带来了人口的流动，如掠夺者、移民和商人的流动，更赋予了这大西洋沿海群体一种身份。除此之外，还有对一种独特的信仰体系（修道式的基督教）的日益投入，以及一系列为其服务的、密切相关的艺术风格的发展。爱尔兰是一个创新中心，基督教在公元4世纪晚期已经在这里建立。公元431

年，高卢教会的执事帕拉第乌斯（Palladius）被派往爱尔兰传教。他在威克洛郡（County Wicklow）的小块区域里的出现产生了有限的影响，但是与圣帕特里克相比，他的影响相形见绌。第二年，圣帕特里克在阿尔马（Armagh）建立了一个基地，并从那里开始传道。他选择的模式是以教堂为中心的堂区制（parochia），整个系统被置于主教的权威之下。

圣帕特里克的教会并没有延续多久，因为修道主义这种新的思想开始传播开来。修道主义的创始人是埃及的沙漠教父，很快在高卢得到推广并传播到布列塔尼。从那里，这种新的思想汇入了凯尔特语世界的激流之中。爱尔兰最早的修道院之一建立在黑水河河口的代尔–伊尼斯（Dair–inis）岛上，与布列塔尼和更遥远的地中海文化有着密切的联系。

修道主义在爱尔兰迅速传播开来，到公元6世纪末，帕特里克建立的体系几乎消失殆尽。为什么会这样？这是一个复杂的问题，但在某种程度上可以用西方普遍存在的社会结构来解释，因为在这种社会结构里，家庭和亲属团体的关系十分密切。早期基督教要求其信徒在追求救赎的过程中进行忏悔和自我禁欲，而要做到这一点，最容易的办法就是离开舒适的家庭，到偏远荒凉的地方去。正是在这种情况下，凯尔特教会的圣徒们开始漂洋过海，长途跋涉，到遥远的地方建立修道院。他们被称作“外来者”（peregrini）。有些人，比如圣哥伦巴，穿过北海峡来到达尔里阿达，在爱奥那岛上建立了教区。其他人则走得更远。圣参孙（Samson）的早年生活是在威尔士西南海岸外的卡尔迪岛（Caldy Island）上的修道院中度过的。从这里他开始了一段旅程，先是经过康沃尔到达布列塔尼的北海岸，在这一带他最终在多尔（Dól）建立了一个教区，并从那里出发，开始他的高卢之旅。到公元 700 年前后，法罗群岛上已经有了宗教团体，100 年之内，爱尔兰修士就到达了冰岛。其他人则走遍欧洲，在法国、德国和意大利等地抓住一切机会建立修道院。

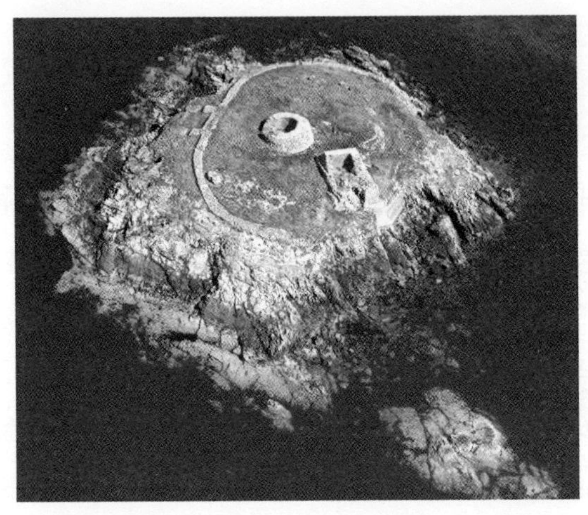

图 14　克里郡教堂岛（Church Island）基督教隐修所的俯瞰图

海岛信仰的力量是很强大的，与之伴随的宗教艺术也是如此，高高的十字架、装饰精美的手稿、圣物箱、圣餐杯以及其他许多小物件，都显示出强大的生命力。这些物品的设计中有明显是来自拉腾遗产的装饰图案，但现在这些图案与来自西班牙、法国和德国的思想相融合，产生了一些完全原创的东西，而这一切都是为了基督教上帝的荣耀。爱尔兰海岛艺术和它所激发的不列颠艺术流派，是欧洲蛮族的伟大艺术成就之一，都直接承袭了拉腾艺术，并可与之相媲美。

有足够的证据表明，在公元 5 世纪至公元 8 世纪之间，大西洋地区的凯尔特人群体已经成为一个相当有凝聚力的文化实体。在语言、宗教和艺术方面，他们有着共同的传统，这使他们有别于周围的国家。当然，各地区之间存在着许多内部差异，敌对行动经常爆发，导致团体之间相互对立，但真正让人印象深刻的是文化上的统一性。这种统一性在很大程度上依赖于人们的流动性，因为他们之间的交流主要是通过大海进行的。

图 15　来自爱尔兰阿达（Ardagh）的银圣杯，其历史可追溯到公元 6 世纪早期

随后在公元 8 世纪至 10 世纪北方民族的入侵，以及后来诺曼人、英国人和法国人进入讲凯尔特语的不同地区，在很大程度上都没能稀释这种本土文化；当欧洲其他地区在可怕的冲突中竭力分裂时，它却一直保持着低调。

| 第十三章 |

# 重塑凯尔特人

13

通过对共同历史的模糊记忆以及使用相似方言这一事实，大西洋沿岸讲凯尔特语的群体可能已经承认了某种程度的亲缘关系，不过他们从未认为自己是一个民族，也没有丝毫的迹象表明他们相信自己是凯尔特人。在 1000 多年的时间里，随着罗马世界在西方的崩溃，真实或想象的凯尔特人的概念似乎已经被遗忘。

直到 16 世纪，西欧的新兴国家一直满足于接受那些讲述他们的起源及遥远过去的神话故事，这些故事与《圣经》或特洛伊神话有关，但随着文艺复兴的到来，人们希望为历史创造一个更加坚实的基础。在修道院解散时，约翰 · 利兰（John Leland，1503 — 1552）等学者游历了英国各地，收藏手稿，对文物进行第一手的观察。在欧洲的其他地方，其他学者发现了藏在修道院图书馆里的古典作家的作品。塔西佗的《阿古利可拉传》（*Agricola*）于 1480 年前后在米兰出版，恺撒的《高卢战记》于 1511 年在威尼斯被公之于众。这些著作和其他古代文献，为历史学家提供了一个全新的研究框架。这是欧洲人第一次看到罗马人之前的先民的样子。

有了大量的新资料，学者可以开始写历史了。在法国，让·勒·费弗尔（Jean Le Fèvre）于 1532 年发表了《高卢的花和古文物》（*Les Fleurs et antiquités des Gaules*）；在英格兰，威廉·卡姆登（William Camden）于 1586 年用拉丁语发表了《不列颠志》（*Britannia*）。对古代高卢人和不列颠人的认识第一次有了实质性的内容。然而，正是苏格兰历史学家乔治·布坎南（George Buchanan）在 1582 年出版的《苏格兰史》（*Rerum Scoticarum Historia*）对“凯尔特人”一词进行了探讨。布坎南认为，凯尔特人最初生活在意大利北部、法国南部和中部以及伊比利亚半岛西部。他的这一观点可能建立在古典文献的基础之上。他认为凯尔特人从伊比利亚迁移到爱尔兰，随后他们中的一些人定居在苏格兰西部。英国其他地方的居民的不同之处在于他们是来自高卢的高卢人。凯尔特人就这样重新登上了历史舞台。直到17世纪末18世纪初，凯尔特人才登上法国和英国历史的中心舞台。在此过程中，两个人物起到了关键的指导作用，一个是布列塔尼人保罗－伊夫·佩松（Paul–Yves Pezron，1639—1706），他曾经是西多会修士。另一个是威尔士人爱德华·卢伊德，他曾经是牛津大学阿什莫林博物馆的馆长。两个人都有自己的计划，那就是要在各自的文化和身份都受到邻国（分别是法国和英国）威胁时，让各自国家的完整性获得适当的承认。1703年，佩松出版了他的《论凯尔特语言和民族的古代性》（*L'Antiquité de la Iangue et de la Nation des Celtes*）。实际上，他提供的是一个新的起源神话，这个神话为法国人——尤其是布列塔尼人——提供了宏大而令人印象深刻的谱系。他认为，凯尔特人源自小亚细亚，在史前时代散布于希腊和欧洲其他地方，并在那里建立了自己的霸主地位。他们征服了罗马和希腊，但最终定居在高卢西部，他们的后代在布列塔尼和威尔士幸存下来，那里仍然说着凯尔特人的古老语言。这个说法直截了当，尽管从古典文献中收集的历史事实和对现存语言的语言学观察来看，显得有些轻描淡写。更重要的是，这个故事给布列塔尼人提供了一个光荣的血统，即他们是古代欧洲伟大的勇士民族的直系后裔。

**保罗－伊夫·佩松（1639—1706）**

保罗－伊夫·佩松出生在布列塔尼南部的亨尼朋（Hennebont），最初在雷恩的神学院接受教育，后来在巴黎完成学业。他被授予圣职，成为西多会修士，并成为拉查莫耶修道院（La Charmoye）院长。但是，由于厌倦了行政工作，他很早就退休了，专心于学术研究。他的第一本著作《重建时代的古代性》（*L'Antiquité des temps rétablie*）面世于1687年，是讲公元前4004年上帝创世后的编年史，但更有影响的是1703年在巴黎出版的《论凯尔特语言和民族的古代性》。在这本书中，他认为高卢人是凯尔特人，他们作为威尔士人和布列塔尼人幸存下来，仍然说着古凯尔特人的语言。然后他试图赋予他们一个尊贵的血统，论证说凯尔特人来自东方，是诺亚的后裔。他们的足迹遍布欧洲，征服了罗马人和希腊人，最终到达了阿莫里卡（要知道，他就是在这里出生的）。相对于将其起源与特洛伊谱系联系起来的罗马人和不列颠人来说，通过在《创世记》一书中追溯凯尔特人（也意味着布列塔尼人和威尔士人）的历史，佩松为他们赋予的祖先更加尊贵。在牛津，佩松的这部作品在卢伊德及其同时代人之间十分有名。1706 年该书的英译本《各族古代史》（*The Antiquities of Nations*）问世。它在整个 18 世纪都很有影响力。

对爱德华·卢伊德来说，佩松的书给了他灵感，直接支撑着他确立威尔士古代历史的抱负。是他鼓励热心的历史学家大卫·琼斯（David Jones）将佩松的书译为英文的。该书英文版问世于 1706 年，标题全称为《各族古代史，尤其是凯尔特人或高卢人的古代史，他们被认为与我们的古代不列颠人是同一民族》（*The Antiquities of Nations, More particularly of the Celtae or Gauls, Taken to be Originally the same People as our Ancient Britains*），这对原来的法语文本做出了很大的改动。

早在1692年，卢伊德就对威尔士语和爱尔兰语进行了比较研究。1694年，他在牛津遇见了约翰·托拉德（John Tollard），当时后者正在学习爱尔兰语，为写一本关于德鲁伊的书做准备。在前一年，托拉德整理了一份爱尔兰语的词汇表，显示了它与布列塔尼语的相似之处，卢伊德可能知道这件事情。到了1698年前后，他可能还听说了佩松的研究。为了修订卡姆登的《不列颠志》［该书由吉布森（Gibson）编辑并于1698年出版］中有关威尔士的内容，他在威尔士进行了详尽的田野调查。17世纪的最后10年是他关于"凯尔特人"身份的思想开始具体化的形成期。他是一位孜孜不倦的研究者，可能访问了除了曼岛之外所有讲凯尔特语的西方国家，并广泛地通信交流。

他的大作《不列颠考古》一书最终在1707年出

版。在这本书中，他展示了“英国和爱尔兰的原始语言”和布列塔尼语之间的密切关系，并把它们统称为“凯尔特语”。在威尔士语版的前言中，他开始进一步阐述他的思想，提出了一系列的移民运动来解释当时凯尔特语的各种变体。布坎南的伊比利亚凯尔特人在爱尔兰定居的想法被默认；同样被默认的还有佩松作品中所暗示的观点，即来自高卢的凯尔特人定居在英国。凯尔特人两次入侵不列颠和爱尔兰的认识就源于此。

**爱德华·卢伊德（1660—1709）**

爱德华·卢伊德出生在南威尔士一个讲威尔士语的家庭。他曾就读于牛津大学圣约翰学院（1682—1687），并成为阿什莫林博物馆的第一任馆长罗伯特·普劳德（Robert Plot）的助手，1691 年他接替普劳德成为馆长。与他的职位相匹配，卢伊德是一位博学之士，对博物学、化石、石器和英国古董有着特殊的兴趣。当时，埃德蒙·吉布森正在负责威廉·卡姆登的《不列颠志》的编辑工作，于是就请他来扩充书中有关威尔士的内容。卢伊德为此做出了很大的贡献，将对遗迹的精确描绘与物质遗迹和民间传说结合起来，而这些描绘建立在他不知疲倦的田野工作的基础之上。1695年《不列颠志》出版后，卢伊德把注意力集中在一个大项目上，即为《威尔士自然史与古文物》（*Natural History and Antiquities of Wales*）和《不列颠考古》做准备工作。为此，他在1697至1701年间游历了英国的康沃尔、苏格兰群岛、爱尔兰和布列塔尼。他广泛使用了调查问卷，也收集了原稿（其中39份在都柏林三一学院图书馆）。最后，在1707年，《不列颠考古》的第一卷问世了，这就是《注释》，他在其中探讨了威尔士语/布立吞语、爱尔兰语、苏格兰语、康沃尔语和布列塔尼语之间的亲缘关系，他认为这些语言都属于凯尔特语。但卢伊德的健康状况每况愈下，使他无法再出更多的书，他的大量笔记最后基本上也都散失了。

《不列颠考古》的出版与《联合条约》的签署是同一年，这绝非巧合。《联合条约》将苏格兰与英格兰和威尔士统一起来。有一段时间，威尔士人受到了缓慢的英国化的影响，《联合条约》也让苏格兰面临同样的命运。卢伊德的这本书重申了威尔士人和苏格兰人的种族特征，并赋予了他们悠久而光荣的血统（比英格兰人还要古老得多），为这两个民族灌输了一种新的自豪感，并提供一个重建其独特身份的坚实的学术基础。这两个民族都说自己的语言，这是一个额外的好处，因为从此以后语言可以作为主要的文化标志来发展。威尔士人抓住了这个机会。1725 年，锡安・赖泽赫（Sion Rhydderch）出版了第一本全面的威尔士语法书。在这个世纪余下的时间里，威尔士语的受欢迎程度稳步上升。佩松的作品在布列塔尼也产生了类似的影响，但这种复兴很短暂。

《联合条约》实际上代表了新教利益在英国范围内的结合，他们联合起来反对天主教和法国。考虑到当时的情况，很容易理解为什么卢伊德选择称这种本土语言为西凯尔特语言而不是高卢语（否则他可能会考虑采用这个名字）。在使他的术语与佩松一致的过程中，他也把威尔士人的理想与布列塔尼人的理想联合在了一起 —— 这两个都是少数民族，都面临着被更大的国家吞并的威胁。

《联合条约》的一个影响是，大不列颠的居民开始不无道理地称自己为不列颠人，而这个词以前曾被用来表示威尔士人。在他们的名字被挪用后不久，威尔士人开始被称为凯尔特人，这个词很快被扩展到所有讲凯尔特语的人。因此，可以说，凯尔特人的重新出现（有些人会说是重新发明）发生在18世纪早期，此时，关于这一议题学术界正在广泛争论，而发展中的民族国家则在其中寻找相关政治支持。从那以后，过去和现在的大西洋凯尔特人的概念被热情地接受了，并且今天仍然活跃在从音乐到政治的广泛领域中。

对18世纪的古物学家和历史学家来说，凯尔特人和凯尔特人的特性很快成为他们喜欢的主题。其中最有影响力的一位人物是威廉·斯图克利（William Stukeley，1687 — 1765），他于1723年开始撰写一部四卷本的《古凯尔特人史》（*History of the Ancient Celts*）。这项工程未能竣工，但有两卷得以问世，第一卷出版于 1740 年，讨论的是巨石阵；第二卷在三年后出版，讨论的是埃夫伯里石阵。斯图克利认为这些遗迹是“古代凯尔特人的神庙”，因此是古代德鲁伊的领地。斯图克利的研究始于对这些遗迹及其地貌的细致观察和描绘，但是，随着他对德鲁伊教的狂热，他修改了事实，以适应日益花哨的理论。埃夫伯里石阵及其林荫道和被称为圣所的小圈子的平面图被逐渐改变，最终成为一条身体（埃夫伯里石阵）盘绕一圈的蛇，圣所则成为蛇的头（在后来的绘画中，圣所变得更像是一个头的形状）。在斯图克利看来，德鲁伊的作品在英国乡村的古代遗迹中随处可见。其他许多人和斯图克利有同样的嗜好。那位整理爱尔兰语词汇表的约翰·托拉德在 1719 年写作了《德鲁伊的历史》（*History of the Druids*），发表在 1726 年和 1747 年出版的文集中。

在布列塔尼，佩松的工作重新引发了人们对凯尔特人和德鲁伊的兴趣。他们把所有现存的巨石纪念碑都归于凯尔特人时期，尤其是德鲁伊时期。无论是马洛·科雷·德拉·图尔–道弗涅（Malo Corret de la Tour-d'Auvergne）的《欧洲最古老的民族高卢人的起源》（*Origines gauloises celles des plus anciens peuples de l'Europe*，1796），还是雅克·康布里（Jacques Cambry）的《凯尔特遗迹》（*Monuments Celtiques*，1805）都持这种观点。

虽然 18 世纪古物学家的过分行为可能看起来很有趣，甚至滑稽，现在取笑他们似乎不难，但是他们的理论和假设是考古学迷人的发展过程的一部分。对他们来说，巨石纪念碑的建造日期并不确定，把他们初次研究的最伟大的野外纪念碑与他们新发现的凯尔特人概念联系起来，这不是不合逻辑的。直到 19 世纪，才有了一个基于三时期分段法的相对年代表，即从石器到青铜器再到铁器的技术变化的概念，使巨石阵的年代可以被测量，并与凯尔特人的时代分开。然而，如果我们接受上述观点，即凯尔特语的起源要早得多，那么 18 世纪的学者也许错得就没这么离谱了！

18 世纪的凯尔特热更具有创造性。如果苏格兰人、威尔士人、布列塔尼人是凯尔特人的直系后裔，那么在今天的文化中，是否有可能找到过去的回声呢?

最早声称这样做的人之一是苏格兰人詹姆斯·麦克弗森（James Macpherson），他在 1760 至 1763 年间发表了一系列诗歌，并将这些诗歌归于半传奇式的凯尔特诗人芬格尔（Fingal）之子奥西恩（Ossian）。第一卷名为《苏格兰高地收集的古诗歌片段，由盖尔语或厄尔斯语翻译而成》（*Fragments of Ancient Poetry, collected in the Highlands of Scotland, and translated from the Gaelic or Erse language*）。接下来是两部长篇史诗，《芬格尔》（*Fingal*，1761）和《特莫拉》（*Temora*，1763）。他声称，他的资料来源是 1200 或 1300 年前的两部手稿。如果这是真的，那就是一个惊人的发现。他的翻译工作受到了热烈的欢迎。《奥西恩诗集》被广泛阅读，成为 19 世纪初欧洲兴起的自由运动的灵感源泉。然而，它几乎立刻就遭到了批评，并被斥责为伪造。现在人们普遍认为根本就没有这样的手稿存在，而这些诗歌都出自麦克弗森本人之手，旨在为苏格兰提供一个像荷马史诗那样的传统。他为自己所知道的盖尔口头传说赋予地域感，并为之增添色彩。他有可能接触到了16世纪的文本，但出版的《奥西恩诗集》是麦克弗森本人的创作。

在布列塔尼，寻找过去真实声音的工作也很快开始了。1838年，年轻的布列塔尼贵族赫萨特·德·拉·维拉马克子爵出版了一本歌谣集《布列塔尼歌谣》，这些歌谣是他在布列塔尼的农民中收集的。这部作品立即获得了成功，因为它准确地表达了热爱凯尔特传统的浪漫主义者的需求，其他人也纷纷效仿，在乡间搜寻古老的歌谣。随着更多的歌谣被了解和发表，人们开始怀疑《布列塔尼歌谣》的真实性，在1867年于圣布里厄举行的凯尔特人大会上，对拉·维拉马克的猛烈攻击达到了高潮。尤其具有破坏性的是R. F. 勒曼（R. F. Le Men）在这次大会召开的同时发表的一部作品，直接对拉·维拉马克发起挑战："你可以扮演吟游诗人，甚至可以扮演德鲁伊，但是请不要试图用你的发明篡改历史。"

在此之后，拉·维拉马克的声望受到了损害，直到20世纪60年代，他的原始笔记被发现，里面完整地记录了他发现和转录的原作，他的声誉才在很大程度上得到恢复。

勒曼关于扮演吟游诗人的尖刻评论是有所指的。1838 年，拉·维拉马克参加了在阿伯加文尼（Abergavenny）举行的威尔士文艺年会，并成为吟游诗人团的成员。他在给父亲的信中以狂热的语气记录了这件事："我现在是吟游诗人了，真正的吟游诗人！名副其实的吟游诗人！根据流传至今的五六个世纪的古老仪式，我被接纳为吟游诗人的一员。"

他可能没有意识到，他参加的这个仪式是幻想被嫁接到一些真正的古老传统之上的结果。仪式的主要部分被称为吟游诗人集会（Maen Gorsedd），是 1792 年由威尔士石匠爱德华·威廉姆斯（Edward Williams）发明的，这个石匠的吟游诗人艺名是艾奥罗·摩甘为（Iolo Morganwy）。这纯粹是一场表演，充满了僵硬的仪式和象征，其背景是巨石圈和德鲁伊的祭坛。作为一部拼凑之作，这部作品算是凯尔特热最糟糕的一部分，但它依然延续至今，模糊了原始仪式真正古老的传统。

**赫萨特·德·拉·维拉马克（1815—1895）**

西奥多-克劳德-亨利·赫萨特·德·拉·维拉马克是布列塔尼的贵族。18岁时，他去巴黎完成学业。在那里，和其他侨民一样，他对故土产生了一种热情，写下了充满感情和神秘色彩的关于故土的记述，这些记述因抄写了布列塔尼的歌谣而增色不少，并弥漫着一丝民族主义的气息。20岁时，他就开始积极地收集布列塔尼的歌谣，寻找手稿，并完善他的布列塔尼语知识。他迷恋一切“凯尔特”的东西，1838年前往威尔士参加阿伯加文尼的文艺年会（在那里，他跻身吟游诗人之列）。他还参观了巨石阵，并在牛津大学研究威尔士手稿。回到巴黎后，他试图出版布列塔尼歌谣的提议获得官方支持，他认为这些歌谣反映了公元6世纪吟游诗人的故事和语言。他没能获得资助，但是在1838年他自费出版了《布列塔尼歌谣》。该作品很快变得影响巨大，尤其是在鼓励其他民俗学家收集他们自己的材料方面，并为拉·维拉马克赢得了许多学术荣誉。然而，随着越来越多的民谣陆续发表，他的说法很明显是夸大其词。在 1867 年于圣布里厄举行的国际凯尔特人大会上，他被公开指控伪造证据和误导学术。在 1872 年他缺席的凯尔特人大会上，进一步的批评接踵而至。20 世纪 60 年代，拉·维拉马克的原始笔记被发现，为人们了解他的研究方法提供了线索，并在一定程度上证实了他的说法。

正如我们所见，18 世纪初，各项重塑凯尔特人的活动正逢其时。由此产生了一种浪漫主义，这种浪漫主义弥漫在古物研究者的思想中。凯尔特人被描述为生活在英雄时代的高贵祖先。讲凯尔特语的民族以及（在较小的程度上）英国人和法国人，都被认为是其后继者。19 世纪，随着考古学原则的成熟，以前的许多浪漫色彩被剥离，凯尔特人开始成为正在苏醒的新民族主义精神的象征。

| 第十四章 |

# 寻找身份认同

14

在18世纪初“重塑凯尔特人”之后，伴随着浪漫主义出现的还有一种更严肃的尝试，那就是要在大西洋社会中建立身份认同和忠诚，他们很快开始称自己为欧洲的“凯尔特国家”。从中可以发现三个相互重叠、相互影响的线索，即文化整体性、语言和民族主义。为了建立文化的整体性，有必要建立各种机构来识别和培育区域文化的方方面面，并通过定期出版书籍和举办活动来宣传其成果。在这方面，威尔士人一马当先，1751年成立了阿伯加文尼威尔士人学会（Society of Cymmrodorion），1771年成立了格温内思郡学人学会（Society of Gwyneddigion），后者致力于威尔士文学的研究。几年后，一年一度的文艺年会（Eisteddfodau）的古老传统被恢复，各种各样的艺人聚集在一起同台竞技，其中包括吟游歌手、词曲作者、竖琴手和讽刺作家。在 17 世纪中叶，文艺年会被认为已经过时，但在 1789 年，在一群自称伦敦威尔士协会成员的伦敦商人的支持下，这个传统得以复兴。第一次现代的文艺年会在北威尔士的巴拉（Bala）举办。在这之后不久，爱德华·威廉姆斯创作了戏剧模仿德鲁伊仪式的游吟诗人集会，后来被嫁接到 1819 年的文艺年会上。1858 年在兰戈伦（Llangollen）举行了第一次全国文艺年会，这个传统延续至今，伪德鲁伊的色彩依然存在。

对威尔士文化来说，也许更重要的事件是 1848 年威尔士考古协会（Cambrian Archaeological Association）的创立，协会把致力于研究威尔士古代文物的专业学者和业余学者聚集到一起，直到今天依然如此。

威尔士和布列塔尼之间很早就建立了学术联系。正是在 1838 年阿伯加文尼举行的文艺年会上，布列塔尼民俗学家拉·维拉马克被接纳为吟游诗人团的成员。1870 年，威尔士考古协会发表了一篇关于布列塔尼铁器时代悬崖城堡的记述，作者是勒曼（拉·维拉马克的尖锐批评者）。最近（1996 — 1997

年）布列塔尼考古学的元老 P. R. 吉奥特（P. R. Giot）曾担任该协会的主席。

在苏格兰，文化发展走的是一条截然不同的道路。1745 年的詹姆斯二世党人叛乱及对其暴力镇压和随之而来的高地清洗事件（Highland Clearances），摧毁了原本在偏远地区蓬勃发展的传统文化。高地人不再被视为威胁，随着时间的推移，其形象变得温顺。沃尔特·斯科特爵士的著作在这方面起了重要作用。在他 1818 年出版的浪漫小说《罗伯·罗伊》（*Rob Roy*）中，主人公是一个劫掠牲畜的高地暴徒。只用了半个世纪的时间，野蛮而危险的盖尔人被重新包装，供上流社会消费。四年后，也就是 1822 年，乔治四世成为第一位访问苏格兰的英国君主，他在这个场合穿的衣服被认为是正宗的苏格兰服装——这一传统至今仍由现在的威尔士亲王保持着。此后，苏格兰作为旅游胜地越来越被人们所接受，因此需要树立一个独特的文化形象。真正古老的服饰传统、公共集会和娱乐活动都经过精心培养、净化和重新编排，成为现在深受美国游客喜爱的苏格兰短裙、高地游戏和苏格兰舞蹈。然而，在所有这些离奇古怪的改造之外，还有一个悠久的学术传统。作为最受尊敬的机构之一，成立于1780年的苏格兰古物学会（Society of Antiquaries of Scotland）一直是苏格兰研究的学术重地。

在爱尔兰，成立于1785年的爱尔兰皇家学会（Royal Irish Academy，现在仍用这个名字）为各个领域的爱尔兰研究提供了焦点，其中包括科学、文学、古物和历史。成立于1869年的爱尔兰古物学会专门研究历史。

威尔士和苏格兰很少产生真正具有国际声望的文学人物，不同的是，爱尔兰一直是创意写作的源泉。1893年盖尔联盟（Gaelic League）的成立，为其提供了一个重要的佐证。它的目标很广泛，那就是要保留爱尔兰语和爱尔兰风俗。几年之内，其他机构也成立了。1899年，格雷戈里夫人（Lady Gregory）、W. B. 叶芝等人在创立爱尔兰文学剧院（Irish Literary Theatre）和后来都柏林的阿比剧院（Abbey Theatre）的过程中发挥了重要作用。间接受益于早期这种对表演和文字的狂热的爱尔兰作家名单令人印象深刻，其中包括叶芝、约翰·米林顿·辛格（John Millington Synge）、萧伯纳、乔伊斯和贝克特这些大名鼎鼎的人物。格雷戈里夫人对爱尔兰研究的另一个重大贡献是，她发表了一部可读性很强的《阿尔斯特史诗》（*Ulster Cycle*）释义，使早期英雄的事迹第一次为广大读者所知，使世界认识到爱尔兰所继承的优秀的通俗文学。在斯威夫特辛辣的讽刺及辛格的风景描绘和乔伊斯的史诗中，我们不难看出对这种传承的某些突破。

在法国，我们发现人们对高卢人的过去有一种更复杂，有时甚至更矛盾的态度。在法国大革命的余波中，人们深切地感到有必要重新建立与过去的联系，跨越已经出现的严重分歧。拿破仑把著名的《垂死的高卢人》雕像带到法国，因为他意识到这一形象可以提醒他的同胞，不要忘记他们的凯尔特血统。1805 年，凯尔特学会（Académie Celtique）在法国巴黎成立，旨在通过鼓励学术研究来强化这一理念。

拿破仑的侄子路易·拿破仑继承了凯尔特传统的主题，后者 1848 年被选为法兰西第二共和国的总统，四年后，他策划了一场政变，登上了皇帝的宝座，并获得了拿破仑三世的称号。此后，他改变了法国的文化和价值观，直到1870年在色当战役中遭遇可耻的失败。

拿破仑三世早年对铁器时代考古学非常感兴趣，于是在1860—1865年间资助了一个雄心勃勃的田野调查和发掘项目，旨在为恺撒大帝的战役提供地形和考古学背景。在300名助手的协助下，来自阿尔萨斯的斯托菲尔上校（Colonel Stoffel）被指派寻找主要交战地点的任务，包括著名的凯尔特战争领导人维钦托利在阿莱西亚的最后一战，而布里奥特（J. G. Bulliot）在比布拉克特［Bibracte，即波弗莱山（Mont Beuvray）］发掘出了埃杜维人的首都。这两个项目的成果很快就出版了，其中前者的成果就是权威的、作者是拿破仑三世的《尤利乌斯·恺撒史》（*Histoire de Jules César*）。与此同时，拿破仑三世在各种活动中收集了大量铁器时代的文物，为1863年在巴黎建立的国家古文物博物馆（Le Musée Nationale des Antiquités）奠定了基础。

现在要弄清拿破仑三世参与这些非凡工程的动机是不可能的。毫无疑问，他对过去有真正的学术兴趣，但他不会没有认识到过去对现在的影响。法国正面临着来自外部侵略者——德国人——的威胁，虽然在当时分裂为不同的国家，但他们正渴望早日建立自己的国家。当年恺撒入侵时，高卢人也受到了来自日耳曼人的威胁，但一个令人尴尬的事实是，高卢人被罗马人打败了。勇敢地保卫他们的土地是民族自豪感的体现，然而，高卢人与罗马人和平定居下来的事实也是如此（法国考古学家一直将罗马高卢文化称为“高卢－罗马文化”）。他们一起抵御了日耳曼的威胁，享受了长达 400 年的繁荣。这是一个需要传达的复杂信息，其中不乏一些模棱两可之处。

即使在今天，考古学有时仍被用来为政治服务。1984 年，法国总统弗朗索瓦·密特朗重新发起了一场对波弗莱山的考古发掘，由法国政府资助。这项工作是在法国的全面控制下由多国团队进行的，并促成了欧洲波弗莱山考古中心（Centre européen d’archeologie du Mont Beuvray）的创建。有人建议把这个机构放在法国要引领欧盟的背景下看待，这并不是没有道理的。

但在法国人对他们的凯尔特历史背景的声明中，还有其他模棱两可的地方。公元5世纪，法兰克人、勃艮第人和西哥特人大量涌入高卢，本地化人口的基因占比大大降低，土地没有被占领的布列塔尼人抓住这一事实，声称他们才是凯尔特人唯一真正的后代。早在1843年，布列塔尼人协会（Association Bretonne）就成立了，但随着1867年在圣布里厄第一次凯尔特人大会的召开，他们提出了更严肃的要求。拉·维拉马克向所有其他“凯尔特人国家”——康沃尔、爱尔兰、威尔士和苏格兰——的亲友发出了派遣代表的呼吁，在他看来，法国当局劫持了凯尔特考古，而他则对此提出了挑战。法国人慷慨激昂地在阿莱西亚竖起了维钦托利的巨型雕像，两年后，第一次凯尔特人大会召开，这是耐人寻味的。这是法国政府积极压制布列塔尼文化和语言的时期。

图 16　高卢人战争首领维钦托利的雕像，1865 年在拿破仑三世的支持下立于阿莱西亚。公元前 52 年，维钦托利在这里对罗马人进行了最后的反抗

在布列塔尼，许多学者正忙着通过研究口头传说（尤其是保存在民谣中的口头传说）来加强布列塔尼文化。拉·维拉马克的早期民俗作品《布列塔尼歌谣》问世之后，出现了一大批民俗学研究者，尤其是弗朗索瓦－马利·吕泽尔（François-Marie Luzel，1821 — 1895）、让－玛丽·德·庞格恩（Jean-Marie de Penguern，1807 — 1856）和阿纳托尔·勒·布拉兹（Anatole Le Braz，1859 — 1926）。

欧内斯特·勒南（Ernest Renan）1854 年在巴黎发表了一篇颇具影响力的论文——《凯尔特民族诗歌》（*The Poetry of the Celtic Races*），其中对凯尔特人有一种更浪漫、更广泛的看法，并提出了凯尔特人和欧洲其他种族之间结构性对立的概念。在开头的段落里，勒南将他的家乡布列塔尼与邻近的曼恩和诺曼底进行了对比。他写道：

> “当年你踏上布列塔尼的土地，一阵冷风吹来，带着模糊的忧伤，把灵魂吹向别的思绪。树顶光秃而扭曲，色彩单调的荒野向远处延伸。每走一步，都有花岗

岩从土里伸出来，稀少的泥土根本盖不住它。一片几乎总是阴郁的大海，用永恒的呻吟环绕着地平线。”

对他来说，这象征着布列塔尼凯尔特人阴郁的内在本性，与“诺曼人的庸俗、丰腴和繁荣”形成对比。他看到的这种对立存在于凯尔特西部的所有其他地区。

另外值得一提的是，勒南的文章对马修·阿诺德产生了很深的影响，并在很大程度上影响了他在1865 — 1866 年在牛津大学所做的题为《凯尔特文学研究》（*Study of Celtic Literature*）的系列讲座。在最后一篇演讲中，他呼吁在牛津大学设立凯尔特研究的教席。第一位凯尔特学教授是在 1877 年上任的。当时的牛津大学并不以其决策速度而闻名。

勒南所描绘的布列塔尼的偏远对其他人来说是一种诱惑。布列塔尼所代表的“野性生活”（la vie sauvage）每年夏天吸引了大量艺术家来到这里。阿文桥（Pont Aven）闻名世界（尤其是在美国人中），吸引了各国画家到来，保罗·高更（Paul

Gauguin）在前往塔希提岛之前也在这里待过。到了 19 世纪末，偏远已经成为趣味的同义词。对农村及其居民的“他者性”的迷恋，已经成为一种怀旧之情。成千上万的明信片插图都表达了这种怀旧之情，甚至连阿纳托尔·勒·布拉兹的畅销民俗学书籍的标题也是如此，如《朝圣节之地》（*The Land of Pardons*）、《阳光和薄雾的故事》（*Tales of Sun and Mist*）和《来自布列塔尼的老故事》（*Old Stories from Brittany*）。勒·布拉兹很清楚布列塔尼正在退化成我们现在所说的主题公园。1901 年，他写道：

> “弄几个露天的尖塔，几尊耶稣受难像，布列塔尼风笛的曲子，最好还有布列塔尼双簧管，再加上一枝或一束金雀花，一些风，一些雾，还有雨和大海，然后把所有混在一起，用力摇晃……这就是布列塔尼。”

在讲凯尔特语的国家，文化身份的建立依赖于对语言的扶持，这是可以理解的。但是少数民族语言有一种自然的消亡趋势，凯尔特语也不例外。最后一位讲康沃尔语的人死于1777年。除某些仪式性的场合外，曼岛语也不再被使用。其他的语言也受到了威胁，尽管越来越多的人想扶持它们。

最成功的是威尔士语。1967年的威尔士语言法案规定，威尔士语在公国与英语具有同等的法律效力，使之开始壮大起来。在所有的凯尔特语中，威尔士语现在拥有最多的习惯性使用者。所有学校都强制教授威尔士语，最近有一所学校甚至要求学生签署一份协议，在学校场地的任何地方不得讲英语（这是一种非常可疑的要求，肯定违反了人权）。在爱尔兰，政府为讲盖尔语的地区提供了大量的经济援助，现在爱尔兰讲盖尔语的人数最多（超过100万），但仅有五分之一的人是习惯性使用盖尔语的人。在苏格兰，赫布里底群岛仍然广泛使用苏格兰盖尔语，人们强烈希望把它作为一种活的语言来使用，但是在苏格兰的其他地方，盖尔语的使用率在稳步下降。在布列塔尼，尽管努力维持盖尔语，但由于19世纪法国官方对同质化的渴望所造成的毁灭性破坏，其衰颓之势还没有停止，许多人认为要阻止这种趋势为时已晚。

然而，还是有一些希望的火花。少数狂热者使用一种经过修订的康沃尔语，这种语言是学者在威尔士语和布列塔尼语历史遗留的基础之上创造出来的，最近（2002 年）被承认为英国六种官方少数民族语言之一，这是受到《欧洲区域或少数民族语言宪章》（*European Charter for Regional or Minority Languages*）承认的。康沃尔的路标现在开始使用康沃尔语，第一部康沃尔语电影《苦涩的甜蜜》（*Hwerow Hweg*）已经上映。

1532 年，布列塔尼被割让给法国。英吉利海峡对面的几个国家的联合，则花了更长的时间。1707 年的《联合条约》将英格兰、威尔士和苏格兰联合在一起，但直到 1801 年 1 月 1 日，大不列颠及北爱尔兰联合王国才成立。联合不可避免地带来了要求独立的呼声，这种呼声在 20 世纪变得越来越响亮和尖锐，这四个讲盖尔语的国家都有极端分子组织准备使用恐怖战术。在爱尔兰，问题最终在 1918 年的大选中发展到高潮，当时寻求爱尔兰独立的新芬党赢得了 105 个席位中的 73 个，但是他们不是派代表前往威斯敏斯特，而是在都柏林建立自己的共和政府。下议院（Dail Eireann）的第一个行动就是呼吁“英国驻军撤离我国”，鼓励爱尔兰共和军发动游击战。最终在 1921 年，经过长时间的谈判，爱尔兰自由邦在南方建立，很快成为爱尔兰共和国的一部分，留下以新教徒为主的北方的六个郡，成为联合王国的一部分。20 世纪 60 年代初的民权运动和 1969 年爆发的宗派暴力导致了北爱尔兰长期的流血冲突和相互指责。1998 年的《耶稣受难日协议》（*Good Friday Agreement*）可能会提供一条前进的道路。与此同时，一个有趣的事实是，在爱尔兰，宗教造成的分裂似乎压倒了团结的呼声。

在威尔士和苏格兰，地区独立的进程较为平静，很少受到严重暴力事件的困扰。19 世纪和 20 世纪初的各种小型民族主义团体，最终让位给 1925 年成立的威尔士民族党（Plaid Cymru）和 1934 年成立的苏格兰民族党（Scottish National Party），但当地人对独立的兴趣发展缓慢。在 1979 年举行的关于有限自治权的公投中，威尔士人以压倒性的优势拒绝了这一提议，而只有三分之一的苏格兰选民表示支持。然而，到了1998年，人们的态度发生了变化，在那一年，苏格兰议会和威尔士议会获得了广泛的权力。地方分权能够走多远，还有待观察。在布列塔尼，反对法国中央集权的势力开始组织起来，最后于1898年成立了布列塔尼地区主义联盟（Union Régionaliste Bretonne）。此后，有一些团体要求从法国分离出去，但通常没有得到多少认真的支持。第二次世界大战期间，成立于1932年的法国布列塔尼民族党（Parti National Breton）在法国被纳粹击败后的1940年，提出了一项争取独立的谈判计划。这个计划无果而终，但是这一提议让布列塔尼的民族主义沾上了纳粹主义的污点。最近，独立事业被左翼环保运动“战斗”（Emgann）所接管，他们的运动涉及广泛的地方问题。偶尔也会发生暴力事件，比如2000年，一个自称“布列塔尼革命军”（Armée Révolutionnaire Breton）的组织炸毁了一家麦当劳餐厅。但是由于布列塔尼人享有相对较高的生活水平，他们的争论主要围绕着环保问题和扶持布列塔尼的语言和文化的必要性展开。

图 17　布列塔尼的独立集会

与此同时，虽然每一个讲凯尔特语的国家都有自己的组织来解决当地的问题，但古老的凯尔特大会的精神依然存在。2001 年，大会在雷恩召开，主题是“今日凯尔特人的历史——没有记忆的民族是没有未来的民族”。其中一个参观地点是圣奥宾－杜－科米尔（Saint–Aubin–du–Cormier）的战场，在 1488 年，布列塔尼人在那里为他们的独立而战，但最终失败了。

| 第十五章 |

# 每天晚上都有晚会：新的凯尔特热

15

布列塔尼比其他任何讲凯尔特语的地方都更喜欢自己的过去。在7月或8月开车穿过这里的乡村，到处都会有人邀请你参加布列塔尼的传统晚会和民俗庆典，其中大部分是始于最近二三十年的“传统”活动，旨在为一种更为古老的宗教仪式提供世俗的平衡。这种宗教仪式被称为“朝圣节”，每年一次。每年7月，在阿摩尔滨海省（Côtes-d'Armor）普莱斯坦（Plestin）的城市广场上举行的“香肠之夜”（La nuit de la saucisse），是这种晚会非常典型的例子，主要活动是音乐表演，广场周围的摊位上有很多食物，如贻贝油配炸薯条、可丽饼，当然还有香肠，以及葡萄酒和苹果酒。音乐每年都会变化，但总是与传统的布列塔尼音乐（布列塔尼风笛和双簧管）和群体舞蹈有关。不论老少，不论是游客还是当地人，每个人都会参与其中。其间穿插着从外面邀请来的音乐家的表演。这些活动之间的反差有时会令人惊讶。有一年，来了一辆十分华丽而先进的客车，一群穿着黑白传统服装的优雅的年轻加利西亚舞者和音乐家走了出来，展示了以惊人的精确度编排的加利西亚舞蹈。然后是一群英国莫理斯舞者的表演，他们乘渡船抵达罗斯科夫（Roscoff），又骑行了 35 公里到达聚会地点，显然一路上已经享受过了当地苹果酒所带来的快乐。这种不协调并不重要 —— 每个人都参与进来，享受别人带来的传统，不管这种传统是真的还是虚构的。

两周后，普卢莱克公社（Ploulec'h）举行了他们的民俗庆典。有些年份在普卢莱克堡举行，其他年份则在勒格尔河（Léguer）以南俯瞰大海的勒奥德（Le Yaudet）海岬举行。所有的道路都被封闭，专门设置了停车场，游客也要付费入场。活动分为两部分。下午是严格意义上的民俗展示，100 年前的乡村生活重新上演。头戴女帽、身着布列塔尼传统服装的妇女在一个特别建造的池塘里洗衣服。一位农民脚穿用稻草填充的木屐，在用古老的机器磨萝卜。还有一位铁匠在给一匹驯服的马装马蹄铁。有些年份，一架看起来死气沉沉的打谷机在有点吓人的皮带的驱动下，咣当作响，排放出阵阵浓烟。偶尔会有捕鼹鼠的人作为嘉宾出现，他身穿华美的鼹鼠皮马甲，自豪地展示他那令人毛骨悚然的技艺。街道两旁排列着非常古老的农业机械，在一些角落里，花岗岩切割工和木屐制造者在忙着他们的手艺。尽管这些活动的主要目的是为公社创收（这些收入被小心地分配到各种各样的项目上，从为老年人提供庇护所到为年轻人提供新的体育设施），但同时也为游客提供了娱乐，参加的人都非常喜欢。

傍晚时分，当地的大部分人会在露天的长搁板上进行一次集体聚餐。那里会有一个临时搭建的舞池和一个麦克风，活动自由进行，观众可以积极参与。布列塔尼人的民族舞蹈中穿插着歌唱，他们偶尔也会朗诵一些长留心中的诗歌。当夜幕降临，海水渐渐变黑时，聆听布列塔尼人对着大海的吟唱，这是一种让人难以忘怀的经历。在平静而热烈的氛围中，观众和自己的过去融为一体。

人们很容易把这种晚会和民俗庆典当作娱乐游

客的现代发明，但事实远不止这么简单。它们提供了一种方式，通过这种方式，这个群体可以把握其过去，并享受与祖先、故土在一起的深刻感觉。在布列塔尼，现代的历史很短。对普卢莱克的居民来说，如果还有父母或祖父母的衣服，他们就不需要去租花哨的表演服。提供某种陈旧农具的农民可能直到 20 世纪 60 年代还在使用这种农具。过去不需要被重新创造，而只需要简单地回忆。在大西洋欧洲的许多偏远地区也是如此。

音乐在布列塔尼人的生活中继续扮演着重要的角色，它不仅是一种享受的方式，也是大西洋沿岸地区共享的文化象征。现在有几个城镇会举办国际音乐节。最早被推广的节日之一，是 1953 至 1970 年在布雷斯特举行的风笛节。从那以后，每年 8 月举行的洛里昂凯尔特音乐节吸引了 50 多万名游客，使风笛节黯然失色。不用说，来自讲凯尔特语地区的所有团体都会向观众表演，虽然以布列塔尼人为主，但这确实是国际性的。现在其他城镇也开始效仿，比如坎佩尔（Quimper）。

这些活动的流行为新音乐的发展和真正有才华

的作曲家和演奏者的出现提供了真实的刺激。在更加流行的层面，艾伦·斯蒂威尔几乎成了一个广受欢迎的英雄，钢琴家迪迪埃·斯基本的作品代表了更具古典风格的音乐，他把传统布列塔尼音乐和大海的节奏和韵律融入他那引人注目的原创作品中。斯蒂威尔和斯基本都是艺术家，他们从当地的过去和更广阔的世界的当代影响中，创造出一些全新的主题。在这一点上，他们的行为就像公元前 4 世纪在圣波德雷昂创造了装饰罐子的陶工。

下面让我们以布列塔尼为例，一起探讨关于延续性和再创造的其他主题。

在布列塔尼人的意识里，死亡是一个十分突出的主题。很多教堂里都有鲜明的视觉形象，以吸引其会众的注意，如画在克马里亚 – 安 – 伊斯库特（Kermaria–an–Iskuit）小教堂四周墙壁上的死神之舞，提醒人们死亡无处不在，而普卢米利奥（Ploumilliau）教堂里绘有手持镰刀的死神安寇（Ankou），震慑着前来礼拜的人。但是，关于死亡和祖先对农村人口的重要性，或许最具吸引力的说法是 19 世纪晚期查尔斯·勒·戈菲克（Charles Le

Goffic）对于与处理死者有关的仪式的讲述，而这一讲述是基于他在布列塔尼北部海岸的特雷加斯特尔（Trégastel）的观察。在这里，尸体被单独埋葬在坟墓里，让尸体腐烂六七年，然后再挖出来，把骨头堆在教堂墓地围墙一角的一个藏骨堂里，也就是存放骸骨的地方。多年之后，当藏骨堂被装满时，耗时很久的处理过程的最后阶段开始了。

一个星期六的傍晚，当勒·戈菲克到达现场时，他发现人们已经挖了一个大坑，两张大的亚麻布床单就放在那间藏骨堂的门廊外面。里面有一个小女孩和一个12岁的小男孩，他们在高度及肩的骨头堆里，把遗骨清理干净，交给一群同龄的工友。他们毕恭毕敬地用围裙接过这些骨头，将其放在其中一张被单里。之所以会选择儿童来转移这些尸骨，是因为这项任务只能由天真无邪的人来完成。

整个夜晚，这些成堆的尸骨都被一圈点燃的蜡烛保护着。第二天早上，在第一道曙光到来之前，人们为死者举行了弥撒。然后在凌晨4点，游行队伍开始从教堂出发。

“最前面的是堂区的十字架，然后是牧师，紧跟着十字架的是监礼人，他们全都穿着葬礼法衣。司仪神父弯下身子，从裹尸布里拿起一个骷髅，高高地举起来，这意味着仪式正式开始。牧师和助手们也都跟着拿起一根骨头，甚至那四个穿红衣服的唱诗班歌手也不例外，他们一边唱一边弯腰拿起骨头。跟在后面的人群也人手一根骨头。

我永远不会忘记随后的情景。每个人都用自己挑选的骨头在额上、眼睛上和嘴巴上画十字。这是一个阴沉的秋日早晨，唱诗班的蜡烛燃烧的光芒像磷光一样。这支队伍绕着教堂墓地走了两圈，然后停在了提前挖好的大坑旁。司仪神父第一个把骨头放进坑里，大家默默地跟在后面，在亲吻过骨头之后，弯下腰来轻轻地将其放进墓坑。”

当然，我们并不知道100多年前特雷加斯特尔人的这种仪式有多古老，但人们很容易猜测出它可能历史悠久。他们的远祖早在4500年前就建造了巨石坟墓，因此，对这些远祖来说，这个过程远没有今天这么令人惊讶。

直到现在，在布列塔尼，缅怀死者仍然是一件重要的事情。其焦点是11月1日举行的诸圣节（Toussaint）活动。作为准备，与市政当局合作的志愿者清理了教堂墓地，一个个坟墓被一片菊花的海洋所淹没。在基督教日历中，诸圣节在10月31日至11月1日的万灵节（All Souls）之后。据说在万灵节这天，死人的灵魂会回到活人的世界。在前基督教世界，这个节日被称为萨温节（Samhain），发生在一年的结束和下一年的开始之间的短暂时期。这一时期非常危险，任何事情都有可能发生，只有小心地遵守宗教仪式并安抚神灵才能维持一种稳定的秩序。在爱尔兰神话中，这一时期，神灵和亡灵会从阴间进入人间，有时会对人类事务产生毁灭性的影响。

这样的概念和信仰流传下来，成为与今天的万圣节有关的仪式。在20世纪的最后20年里，万圣节在西欧得以复苏，这在很大程度上是由于重新引入了对儿童很有吸引力的美式版本。今天，在布列塔尼，快到10月底的时候，一些商店和报纸上的广告通常会鼓动我们在诸圣节为祖先的坟墓买些鲜花，而另一些商店则用万圣节的商品去诱惑我们，如南瓜和女巫帽之类的。很少有人意识到两者都起源于基督教出现之前的同一个萨温节。通过许多阶段的再创造，它们呈现出非常不同的形式。传统是持久的，但可能会以不同的形式表现出来。

凯尔特语国家的民俗文化和民俗传统非常丰富，并被孜孜不倦地记录下来。它们为那些希望强化、重建或发明身份认同的人提供了丰富的资源。在这里我们重点介绍了布列塔尼。其他讲凯尔特语的地区也可以提供同样丰富和迷人的例子，但是和这些地区相比，在布列塔尼，现代世界造成的分裂对真正的延续性的破坏较小。其结果之一是，布列塔尼人的特征完全不是向后看，而是十分富有创造性和创新性。在这里，身份认同是前瞻性的，而不是回顾性的。

第十六章

# 那么，谁是凯尔特人呢

16

对世界上的许多人来说，“凯尔特人”是一个非常情感化的话题，不仅是在欧洲，在美国、澳大利亚和南非也是如此。就像一个美国人写信告诉我他的酗酒问题一样，身为凯尔特人的想法为他提供了大量的情感支持——感到自己根植于一段英雄史诗般的过往，并获得了对自身行为的解释。你曾多少次听人说“这在我的凯尔特血统中”？如果试图剥夺这种支持，就会产生一种困惑和伤害的反应，正如西蒙·詹姆斯在他的《大西洋凯尔特人：是古代民族还是现代发明》出版后所发现的那样。在某种程度上，凯尔特人的概念是一种信仰，尽管人们对其理解很模糊，但它支撑着对自我和传统的认识。考古学家如果出于严格的学术原因而希望解构这种信仰，就应该反思这样一种需求，即随着时间的推移，人类不得不定义自己的身份，这一需求需要不断地重申和重新解释他们所认为的种族的象征。凯尔特人的概念一直在演变。

因此，在最后一章中，让我们回顾一下居住在我们的世界、信仰和想象中的形形色色的凯尔特人。

对早期的希腊人（如历史学家希罗多德和地理学家如赫卡泰俄斯）来说，凯尔特人是西欧的蛮族，从伊比利亚和高卢的大西洋海岸一直延伸到多瑙河的源头。这种理解很可能是基于围绕着地中海西北部海岸的希腊殖民飞地提供的实际信息，这些殖民地建于公元前600年前后，其中包括马萨利亚（马赛）、阿加特–堤喀（Agathe Tyche，意为“好运”，即今天的阿格德）和恩波里翁（Emporion，即今天的安普利亚斯）。关于凯尔特人的知识可能来自希腊定居者和当地居民的直接接触，还有可能来自曾经深入内陆的旅行者。公元前4世纪末，来自马萨利亚的著名探险家皮西亚斯指出凯尔特人的领土向北延伸至英吉利海峡。几个世纪后，恺撒证实了这一说法。

在这个阶段，凯尔特人（自称凯尔特人的人）占据着高卢中部和西部，而另一些则生活在伊比利亚半岛的中部和西部，被称为伊比利亚凯尔特人（Celtiberian）。虽然这两个地区的物质文化不同，但他们的语言很类似。大概就是这个原因，早期的希腊作家常常把他们统称为凯尔特人。也有证据表明，早在公元前5世纪，爱尔兰和不列颠就可能使用相似的语言。

从公元前4世纪起，希腊罗马世界开始与北方的迁徙的蛮族部落有了直接的接触，他们称这些部落为“凯尔特人”（Keltoi或Celtae）、高卢人（Galli）和加拉太人（Galatae）等。这些人大部分是定居者、掠夺者和雇佣兵，有一种说法认为他们起源于高卢的“凯尔特地区”，但是考古学家认为，这些迁徙群体的故乡可能分布在更广阔的区域，向东一直延伸到波希米亚。对这些群体的了解使人们对“凯尔特人”形成了一种普遍的刻板印象，认为他们是一种有独特信仰和行为模式的蛮族武士。

在某种程度上，考古证据证实了这些凯尔特部落之间文化相似性的观点。他们许多属于考古学家所说的拉腾文化，这一事实至少意味着他们接受一种共同的行为和信仰制度，尽管不同的群体可能会以不同的方式对其加以重新阐释。因此，在古希腊罗马世界，西欧和中欧那些流动性的、好战的群体属于一个民族，即凯尔特人，对他们可以像对外来的蛮族人那样进行夸张的刻画和描绘。到公元前 2 世纪后期，凯尔特人的进攻威胁平息后，这个形象就微妙地转变为波赛东尼奥眼中“高贵的野蛮人”，他被称为“温和的原始主义者”是有一定道理的。

随后，古典作家对于凯尔特人的观点是逐渐变化的。起初（公元前 6 世纪 — 公元前 5 世纪），他们只是欧洲西北部和西部的居民；后来（公元前 4 世纪），他们成了威胁文明的蛮族人；最后（公元前 2 世纪 — 公元前 1 世纪），这一形象变得成熟起来，他们成为人类学意义上的“他者”，成为学术兴趣的焦点。

考古学上的证据，在某种程度上还有语言学上的证据，构成了一幅相互补充的图景。从长时段来看，在从伊比利亚南部到设得兰群岛的欧洲大西洋地区周围，有很多互动的网络，而海洋大大方便了这种互动。一系列主要河流将这一面向海洋的区域与欧洲大陆相连，几千年来，这些河流提供了交流的通道。如果把凯尔特人的语言（就像18世纪所定义的那样）看作是在大西洋地区逐渐发展起来的，并且随着公元前1000年前后大西洋地区的频繁交流而出现融合，成为在沿海和岛屿及其河流腹地所讲的一系列相互听得懂的方言，这并非完全没有道理。古典作家根据他们知道的一个讲这种语言的部落的名字，将这个语言区域命名为“凯尔特地区”。

在公元前5世纪，在讲凯尔特语的地区出现了早期的拉腾文化精英。从这个核心地区，一种信仰和价值体系传播到大西洋地区，先是到了不列颠岛，后来又到了爱尔兰，在通常所说的“凯尔特艺术”中，这一体系得到了最明显的表达。在此过程中，凯尔特语的一种方言可能也得到了传播，虽然可能并没有到达爱尔兰。传统上认为这种传播机制是迁徙和入侵，但没有令人信服的考古证据来证实这一点，反而有很多证据表明这些地区当地文化的延续性。变化可能会通过对精英仿效的交换网络来传播，也就是说当地的领导人会通过接受“外国的”思想和风格来提高自己的地位，今天的考古学家对此已经没有什么异议。

早期拉腾精英地区南部和东部的情况则不同。

在这里，考古证据支持这样一种观点，即至少在最初，大规模民众迁徙是由讲凯尔特语的群体的迁徙所引发的，这种迁徙对意大利、巴尔干和安纳托利亚造成了冲击。这些群体的“凯尔特身份”可能与大西洋沿海高卢和不列颠的群体大相径庭，与伊比利亚半岛上那些讲凯尔特语的人也大相径庭，后者在很大程度上没有受到早期拉腾文化的影响。

将这一范围广泛的完全不同的群体称为“凯尔特人”是否合适呢？把他们称为讲凯尔特语的人，并把“凯尔特人”一词限制在高卢中部和西部的民族，这样会少一些误导，因为早期的希腊历史学家皮西亚斯、波赛东尼奥和恺撒都明确认为后者是凯尔特人。

那些在罗马控制下的讲凯尔特语的地区逐渐采用了新的身份和新的语言，当地的基因库无疑会被商人、士兵和行政人员引进的地中海、东欧、非洲和近东的基因所稀释。尽管公元 4 世纪时，凯尔特语仍被一些不列颠人和高卢人使用，罗马化的同质化效应很可能使人们对祖先的记忆变得模糊，并创造出新的种族认同。后来北欧人迁徙到这些地区，在维京人 / 诺曼人时期达到高潮，进一步加速了这种变化。公元 7 世纪以后，高卢和不列颠的大部分人口都不能再被认为是古代讲凯尔特语的人的继承者。

但西部偏远地区的情况并非如此。在阿莫里卡、不列颠西南部、威尔士、苏格兰和爱尔兰，讲凯尔特语的当地人口，基本上没有受到公元后前八个世纪破坏性事件的影响。他们保留了自己的语言，在很大程度上也保留了自己的本土文化。海洋仍然是他们之间主要的交流途径，从公元 3 世纪至公元 7 世纪，讲凯尔特语地区之间的人口流动加强了大西洋偏远地区的文化认同，这里成为文化繁荣的中心，而文化繁荣很大程度上是受他们对基督教的独特解释的启发。在精英领导下的拉腾艺术的发展和爱尔兰受早期基督教教会启发的艺术繁荣之间可以进行有趣的比较。在这两种情况下，艺术都象征着一种根植于社会内部的复杂信仰和行为，并且发展都超出了其中心地区。

这些不同地区的居民在多大程度上把自己看作是一个单一民族的一部分，这很难说，也没有任何迹象表明他们自认为是凯尔特人。毫无疑问，正是他们的部落关系提供了最直接的认同感。然而，尽管如此，西部早期讲凯尔特语的基督教群体是史前同一地区讲凯尔特语的异教徒的直接继承者。在使用“凯尔特基督教”或“凯尔特西部”这样的表达时，考古学家和历史学家并非毫无道理。

图 18　*Carn* 杂志，一份致力于推进西部“凯尔特”社会事业的出版物

凯尔特人的形象在18世纪被召唤出来，经过精炼和改造，以迎合19世纪日益增长的民族主义情绪。毫无疑问，这一形象被现代的许多包袱所拖累，其中大部分是从黑暗的民间传统中挖掘并净化出来的，或者只是为了给政治抱负带来一种正统的感觉而发明出来的。然而，新凯尔特人对自己形象的刻板化只是重新定义了一种身份，而这种身份已经扎根于他们遗产的本土性质，以及他们顽强地幸存下来的语言。早在两千多年前，希腊和罗马的作家就为北方边境上的野蛮人提供了一种身份，以便更容易地应对他们的外来性。这些新凯尔特人所做的不比那些希腊和罗马作家多。

凯尔特人是一个古老的概念，随着时间的推移而改变。他们不断被重塑，重塑他们的有时是外部观察者，有时是他们自己。如果我们采取强硬的纯粹主义路线，可能会认为今天的布列塔尼人可以自称凯尔特人的后裔，因为根据恺撒的说法，高卢中部和西部的居民称自己为"凯尔特人"，并且从那时起，人口变化相对较小。其他没有任何地区符合这三点的。许多人会发现这个定义过于狭隘，认为所有那些今天经常使用凯尔特语的地区，都可以声称与史前时期的凯尔特人有某种联系。这并不意味着他们是哈尔斯塔特时期贵族或拉腾精英的后裔，而是说他们是更古老的大西洋文化和语言的继承者。

# 进一步阅读书目

正如人们所预料的那样，对于这样一个深受欢迎的主题，相关的书籍非常之多。在提出延伸阅读的建议时，我必然要精挑细选，限定在每个大标题下不超过四本书。我选择的都是用英文出版的作品，每一本都有长长的参考书目，如果一本一本地去阅读，一定会让你终身受益。我略去了所有那些依赖第三手资料来源而自己又没什么可补充的著作，无论它们有多么吸引人。毋庸置疑，那些思想极端的著作概不收录。

## 欧洲史前背景


B. Cunliffe (ed.), *The Oxford Illustrated History of Prehistoric Europe* (Oxford: Oxford University Press, 1994).

——*Facing the Ocean: The Atlantic and its Peoples* (Oxford: Oxford University Press, 2001).

K. Kristiansen, *Europe before History* (Cambridge: Cambridge University Press, 1998).

## 关于凯尔特人的一般书籍

B. Cunliffe, *The Ancient Celts* (Oxford: Oxford University Press, 1997).

M. J. Green (ed.), *The Celtic World* (London: Routledge, 1995).

J. Haywood, *The Historical Atlas of the Celtic World* (London: Thames and Hudson, 2001).

S. Moscati (ed.), *The Celts* (Milan: Bompiani, 1991).

## 希腊人和罗马人眼中的凯尔特人

H. D. Rankin, *Celts and the Classical World* (London: Croom Helm, 1987).

## 凯尔特艺术

R. Megaw and V. Megaw, *Celtic Art from its Beginnings to the Book of Kells* (2nd edn., London: Thames and Hudson, 2001).

I. M. Stead, *Celtic Art* (London: British Museum, 1985).

## 凯尔特人的宗教

J. L. Brunaux, *The Celtic Gauls: Gods, Rites and Sanctuaries* (London: Seaby, 1988).

M. Green, *The Gods of the Celts* (Gloucester: Alan Sutton, 1968).

S. Piggott, *The Druids* (London: Thames and Hudson, 1968).

M.–L. Sjoestedt, *Gods and Heroes of the Celts* (Dublin: Four Courts Press, 1994).

## 岛屿方言文学

M. Dillon, *Early Irish Literature* (Chicago: University of Chicago Press, 1948).

H. J. Jackson, *The Oldest Irish Tradition: A Window on the Iron Age* (Cambridge: Cambridge University Press, 1964).

T. Kinsella (trans.), *The Táin* (Oxford: Oxford

University Press, 1969).

J. T. Koch (ed.), *The Celtic Heroic Age* (Malden, MA: Celtic Studies Publications, 1994).

## 凯尔特语

P. Russell, *An Introduction to the Celtic Languages* (London: Longmans, 1995).

## 现代凯尔特人：神话?

M. Chapman, *The Celts. The Construction of a Myth* (New York: St Martin's Press, 1992).

S. James, *The Atlantic Celts: Ancient People or Modern Invention* (London: British Museum Press, 1999).

## 文中提到的作品

S. Baring Gould, *A Book of Brittany* (London: Methuen & Co., 1901).

J. R. Collis, 'Los Celtas en Europa', in M. Almagro–Gorbea and G. Ruiz Zapatero (eds.), *Los Celtas: Hispania y Europa* (Madrid: Actas, 1993), 63–76.

——'States without centres? The Middle La Tène Period in Temperate Europe', in B. Arnold and D. B. Gibson (eds.), *Celtic Chiefdom, Celtic State: The Evolution of Complex Social Systems* (Cambridge: Cambridge University Press, 1995), 75–80.

M.-A. Constantine, *Breton Ballads* (Aberystwyth: University of Wales Press, 1996).

J. H. Delargy, *The Gaelic Story-Teller: With Some Notes on Gaelic FolkTales* (Reprints in Irish Studies 6; London: Cumberlege, 1945).

D. E. Evans, 'The Early Celts: The Evidence of Language', in M. J. Green (ed.), *The Celtic World* (London: Routledge, 1995), 8–20. ——'Linguistics and Celtic Ethnogenesis', in R. Black, W. Gillies, and R. Ó Maolalaigh (eds.), *Celtic Connections*, i. *Language, Literature, History, Culture* (East Linton: Tuckwell, 1999), 1–18.

D. Prigent, 'The Lorient Interceltic Festival', *Carn*, 115 (2001), 8.

P. Sims-Williams, 'Celtomania and Celtoscepticism', *Cambrian Medieval Celtic Studies*, 36 (1998), 1–35.

J. R. R. Tolkien, 'On English and Welsh', in H. Lewis (ed.), *Angles and Britons: O'Donnell Lectures* (Cardiff: University of Wales Press, 1963)

## 推荐阅读
## 读客·牛津通识课系列书目

**已出版：**

《牛津通识课：战争论》
Clausewitz: A Very Short Introduction

《牛津通识课：拿破仑战争》
The Napoleonic Wars: A Very Short Introduction

《牛津通识课：第一次世界大战》
The First World War: A Very Short Introduction

《牛津通识课：西班牙殖民者》
The Conquistadors: A Very Short Introduction

《牛津通识课：凯尔特人》
The Celts: A Very Short Introduction

《牛津通识课：苏格兰史》
Scotland: A Very Short Introduction

**即将推出：**

《牛津通识课：古埃及象形文字》
Hieroglyphs: A Very Short Introduction

《牛津通识课：非洲历史》
African History: A Very Short Introduction

《牛津通识课：天才都是疯子吗？》
Genius: A Very Short Introduction

《牛津通识课：信任博弈》
Trust: A Very Short Introduction

《牛津通识课：仪式》
Ritual: A Very Short Introduction

《牛津通识课：语言》
Languages: A Very Short Introduction

《牛津通识课：社会文化人类学》
Social and Cultural Anthropology: A Very Short Introduction

《牛津通识课：非洲宗教》
African Religions: A Very Short Introduction

《牛津通识课：日本武士》
Samurai: A Concise History

《牛津通识课：美国文化》
American Cultural History: A Very Short Introduction

《牛津通识课：美国移民》
American Immigration: A Very Short Introduction

《牛津通识课：林肯》
Lincoln: A Very Short Introduction

《牛津通识课：从康德到海德格尔》
German Philosophy: A Very Short Introduction

《牛津通识课：快乐的本质》
Epicureanism: A Very Short Introduction

《牛津通识课：自由意志》
Free Will: A Very Short Introduction

《牛津通识课：前苏格拉底哲学》
Presocratic Philosophy: A Very Short Introduction

《牛津通识课：思考》
Thought: A Very Short Introduction

《牛津通识课：真实》
Reality: A Very Short Introduction

《牛津通识课：意识》
Consciousness: A Very Short Introduction

《牛津通识课：地理大发现》
Exploration: A Very Short Introduction

《牛津通识课：喜剧》
Comedy: A Very Short Introduction

《牛津通识课：音乐》
Music: A Very Short Introduction

《牛津通识课：知识产权》
Intellectual Property: A Very Short Introduction